MOOCs

# 基础教育慕课与翻转课堂问答录

陈玉琨　田爱丽◎著

华东师范大学出版社

# 前言

联合国教科文组织在20世纪70年代编著的《学会生存》一书中提及:“教育在历史上第一次为一个尚未存在的社会培养新人。”把这句话放在今天的社会背景中,其意义更为深远。当前的学校形态、班级授课制以及与此有关的很多管理制度都是为了满足工业社会发展的需要而产生的,是工业文明的产物,而今天的人类社会已经开始从工业文明逐步走向信息文明。在信息文明社会下,人类的生产与生活方式、交流与沟通方式、教育教学方式等在很多方面都将不同于工业文明社会。未来社会是什么样的?未来的职业有哪些?未来的工作方式与生活方式将会与今天有什么区别?恐怕最伟大的未来学家都很难预测。

在这样的时代背景下,承担着为未来社会培养人才重任的学校教育该怎么办?课堂教学该怎么教?这让很多人陷入了沉思,不少人为此担忧和困惑。马克思主义哲学告诉我们,在人类社会发展中,生产力决定生产关系,而科学技术是第一生产力。为此,不少人基于对未来的思考,利用当前信息文明背景下最新的技术工具,开始了教育变革的征程。

## 一

2008年在加拿大高等教育领域中,出现了第一门真正意义上的慕课(MOOC, Massive Open Online Courses)。随着斯坦福大学、麻省理工、加州理工等一批世界著名大学在2011年至2012年间陆续启动本校慕课建设,慕课这种教与学的形式在全球范围内形成了“井喷”之势。基础教育领域内,从萨尔曼·可汗(Salman Khan)2004年开始在网上给表妹辅导功课开始,到2011—2012年,可汗学院及其微视频的教学方式引起各地的关注。全球范围内,慕课这种教与学的方式逐渐走进每个人的视野,在线学习人数猛增,2012年被《纽约时报》称为“慕课元年”。国内外均有学者把这种教与学的方式称为“自印刷术发明以来教育领域的最大革命”、“自班级授课制以来的最大革命”。

国内从2013年7月开始,由上海交通大学牵头国内C9高校共建在线课程学习平台。2013年8月至9月,由华东师范大学慕课中心牵头分别成立了基础教育的C20慕课联盟(高中)和C20慕课联盟(初中/小学),2014年8月,C20慕课联盟(地市教育局)成立。华东师大慕课中心和全国百余所知名中小学共同探索基础教育的慕课建设和课堂教学变革,有人把2013年称为是华语的“慕课元年”。从2013年8月至今,C20慕课联盟在联盟教育局和学校共召开了30场次的慕课建设和翻转课堂教学观摩研讨和培训会,近2万名中小学教师与会,表现出了很高的改革热情,并在教学实践中积极尝试。两年来,“慕课加翻转课堂”的教学形式在提升学生学习兴趣,培养学生学习自觉性,激发学生思维,促进学生动手实践,提高学业成绩以及促进教师专业发展等方面表现出了积极的成效。慕课加翻转课堂教学实践在中小学正逐渐得以普及和深化。

面对教育信息化浪潮袭来,国务院副总理刘延东在2012年11月《全国教育信息化工作电视电话会议的讲话》中指出:在教育大国向教育强国迈进的进程中，加快教育信息化既是事关教育全局的战略选择，也是破解教育热点难点问题的紧迫任务……中国曾数次与科技革命失之交臂，今天面对信息化的战略机遇，我们再也不能坐失良机！

## 二

然而，任何改革都不会一帆风顺的。作为一项新生事物，无论是刚刚开始启动慕课建设和翻转课堂教学的学校，还是这一实践逐渐得以深化的学校，在实施的过程中都遇到了一些前所未有的问题和困惑。这些问题有理念观念的问题，也有实践操作技术的问题，还有来自政策和制度方面的不适应等问题。

与此同时，我们也感到，一些刚刚开始实践的学校遇到的问题，在先行一步的学校那里已经有了比较系统的做法和经验。在和老师交流研讨或是培训时，不同的老师在问着相似的问题：慕课学习的优势与不足有哪些？如果所有学科都上翻转课堂，课前看视频的时间哪里来？如何保障学生课前自觉地学习？不同的学科制作微课和上翻转课堂有何独特性？如何真正做到课内教学的差异化与针对性？翻转课堂在提升学生学业成绩方面有何助益等等。

面对各地老师几乎是相似的困惑和问题，我们感到与其每次回答这些问题，不如把在实施慕课加翻转课堂教学的各个阶段可能会遇到的典型问题进行汇总，逐条做出回应，汇编成册。于是从2013年底，我们就开始梳理老师们经常问的问题、老师可能会担心或困惑的问题，以及在录制微视频和上翻转课过程中可能会有的失误等，并根据已有实践的经验和我们自己的理解对这些问题做出回应。华东师范大学出版社的彭呈军老师得知这个创意后，非常地认同我们的想法，并大力支持出版此书，这也给我们的工作增添了很多动力。

一开始我们将这本书拟命名为《基础教育慕课和翻转课堂百问百答》，准备梳理100个问题和回答。可是在整理到60个问题的时候，好像突然没有新的问题了，老师们经常问的问题都已经回答了。这样的篇幅远远达不到出版的要求，以后问题的呈现和回答，没有想象中进展的顺利，稿件一再搁置。出版社的彭呈军老师多次催促，希望尽快成稿。我们再一次在一线老师的推动和出版社的拉动下，多方收集一线教师的问题，并做出回应。书中的80问80答，基本上涵盖了当前我国基础教育领域推进慕课加翻转课堂教学实践各方面的问题和建议。当然，随着实践的深入推进，还会有新的问题出现。到时我们再和教育同仁交流我们的思考，共享探索者的经验。

## 三

本书的出版离不开广大中小学校长和教师，尤其是C20慕课联盟学校校长和教师先行一步的思考和探索，书中的很多思考来自著者对教师实践的总结与反思，有的回答更是来自和教师对话交流所得，这里不再一一提名，一并表示衷心的感谢！本书的成稿还要感谢教育部中学校长培训中心的吴志宏老师，感谢他对我国基础教育领域慕课建设和翻转课堂教学实践的热心参与，感谢他对C20慕课联盟学校的专业指导，对本书出版的鼎力相助。感谢华东师范大学出版社彭呈军老师对写作过程的多次督促，对文稿的细心阅读和认真修正！

从全球的角度来看，慕课和翻转课堂的教学实践正处于探索的初始阶段，没有成熟的经验和操作的规范。问答录中的回答，是研究者基于对教育本质的理解，在思考信息技术可能会为教学带来什么样的帮助之际，结合当前中小学教师的实践探索总结而来。由于研究者能力有限，实践还在快速发展之中，书稿中的有些思考和回答还有诸多不妥之处。本书出版之际，我们已经感到一年前的“问和答”就有些 OUT 了。在此，真诚期待各位老师有更多的实践和思考，热诚欢迎各位教育同仁批评指正，不吝赐教！

著　者

2015 年 9 月于华东师大慕课中心

# 目录

## 第一部分 关于慕课 / 1

第一部分

# 关于慕课

## 1. 什么是慕课，什么是反慕课？

"慕课"的概念相信大多数教师已经熟知。"慕课"即大规模开放在线课程(Massive Open Online Courses)，英文首字母"MOOC"的中文音译。"慕课"一路走来并非是一帆风顺的，在慕课概念出现后不久，反慕课和私博课等概念也随即出现。了解一下相关的概念，可能对理解"慕课"也很有意义。

"反慕课(Anti-MOOC)"这一概念，则是奥德丽·沃特斯(Audrey Watters)在2013年提出来的。不过令人意外的是，著名的MOOC运动的创始人之一加拿大阿萨巴斯卡大学(Athabasca University)学者乔治·西蒙(George Siemens)甚至也提出："如果说2012年是慕课元年，那么2013年将成为反转慕课之年。"斯蒂芬·唐斯(Stephen Downes)和乔治·西蒙于2008年首次提出"大规模开放在线课程(MOOC)"这一术语，2012年该术语被广为传播。为什么乔治·西蒙的看法会突然发生变化？事实上，乔治·西蒙是著名的联通主义的倡导者。他在《联通主义：数字化时代的一种学习理论》(Connectivism：A Learning Theory for the Digital Age)一文中系统地提出了联通主义的思想，指出学习不再是一个人的活动，学习是连接专门节点和信息源的过程。他认为："近20年，我们步入了网络时代，技术已经重组了我们生活交流与学习的方式。正规教育不再构成我们学习的主体，非正规学习成为我们学习的重要部分。"他认为，仅仅了解知识的变革，明白技术和社会的发展趋势并没有实质性意义，除非它能够引发某种行动。他强调："不知道"不是问题，真正的问题是缺乏行动，行动是知道的一种形式，"生活的主要目标不是知识，而是行动"。他们期望慕课能够成为基于联通主义的教学生态系统，即知识不再是终点，而是持续开展的活动，众多学习者围绕特定的学习主题，借助社交网络和深度讨论等方式助推学习进程并获得成效。在乔治·西蒙看来，目前的慕课模型已经远离联通主义的教学理念，仍然维系着传统的讲课模式。尽管这些视频和发布的内容都是高质量的，但是这种传承方式仍然属于传统的教学方式，并没有体现西蒙和唐斯所倡导的开放、联通的概念，对此，他十分不满，由此就提出"翻转慕课"的设想。奥德丽·沃特斯提出了"反慕课"这一术语，主张通过在线课程激发参与者间的对话、互动及相互评论，并启动了高层次教学实验。

## 2. 什么是私博课(小众在线课)?

小众在线课，英文叫“Small Private Online Course”，简称“SPOC”。其中“Small”是指学生规模小，一般在几十人到几百人；“Private”原意为“私人的”，这里指为特定对象定制的。因而，“SPOC”会对学生入学设置限制性准入条件，只有达到要求的申请者才能被纳入进来。

当慕课在全球风生水起之时，美国哈佛大学、加州大学伯克利分校等全球顶尖学府也尝试一种更为精致的课程——小众在线课，或者叫“为小众定制的在线课程”。一般认为，加州大学伯克利分校教授阿曼多·福克斯(Armando Fox)最先提出小众在线课程的概念。2013年春季，阿曼多教学团队又将其小众在线课程模式迁移至美国宾汉姆顿大学、夏威夷太平洋大学、科罗拉多大学、北卡罗来纳大学这4所大学。

全球学习者都可以申请小众在线课程，但是它有一定的入学限制，各类课程的申请过程因课程不同而有所差异。例如，哈佛大学法学院的《版权法》课程要求申请者提交个人的姓名、性别、年龄等信息，并就申请原因和自己的课程规划提交一篇小论文。肯尼迪政治学院《美国国家安全》课程则要求学生课外观看视频，一周阅读约75页的文献，如期完成作业，参加由哈佛大学助教组织的各个主题的讨论，并参加在线学生的讨论以及哈佛大学校园学生的讨论。课程结束时，达到课程要求的学生将被授予哈佛在线课程(HarvardX)证书。

实验结果显示，接受小众在线课程的学生课程通过率及学业成就要远远高于接受传统课堂教学的学生。

的确，哈佛大学等名校的上述举动很容易让人以为“慕课”已经过时，国内也有媒体发表“美国在抛弃‘慕课’，中国却趋之若骛”的言论，但是，哈佛大学在线教育学术委员会主席罗伯特・卢（Robert Lue）教授明确指出，哈佛不是在抛弃慕课。他将哈佛的课程比作俄罗斯套娃，既可以面向全球巨量学习者，比如慕课，也可以提供给规模小些的学生，比如小众在线课，甚至是数量更小的大学校园内的学生。

## 3. 反慕课与私博课(小众在线课)的出现是否意味着慕课无用了?

应当说,除慕课外,无论反慕课还是小众在线课程都是出现在高等教育领域中的概念。不过由于教育的相通性,深入地理解反慕课与小众在线课,对人们尽可能地减少在慕课建设过程中的失误有很大的帮助。

如前所述,最早提出反慕课的正是慕课的倡导者之一乔治·西蒙,他提出反慕课概念,一个重要的原因就在于,一段时间内,大量在线课程打着慕课的名义,但仍然以很传统的方式进行着教学,虽然讲课的是全球最知名的教授,传授的是当代最前沿的知识。在乔治·西蒙看来,这类慕课已远离了他联通主义的学习理念。联通主义认为:学习重心不应该再是知识内容本身,而是在创建个人学习网络的行为中。

华东师范大学开放教育学院原院长祝智庭教授为当前流行的MOOC作了分类,他指出:按教学模式之不同,MOOCs可分为xMOOC、cMOOC及tMOOC三类。xMOOC与一般网络远程教学课程无异,以行为主义教学理论为基础,属于知识复制型的。以斯坦福的《人工智能》课程为例,学生主要通过观看教学视频学习内容,辅以在线测评、同伴互助及编程练习;cMOOC则是让学生运用社交软件,围绕专题开展研讨,每1至2周探究一个专题,师生共同贡献思想,以建构主义、联通主义理论为指导,属于知识建构型的;tMOOC采取基于任务的学习方式。例如:在新媒体传播课程中,要求学生利用工具独立编写一些数字故事，然后在网上提交作品，其间老师仅起到指点的作用。目前，三大 MOOCs 机构（Coursera、Udacity、edX）的开放课程主要采用 xMOOC 模式。

无疑，乔治·西蒙倡导的是 cMOOC，但目前在高等教育领域大为流行的却是 xMOOC。为此，乔治·西蒙大为失望就不难理解了。在他那里，所谓"翻转慕课"就是希望从 xMOOC 重新回到 cMOOC。任何过度解读都是不恰当的。

事实上，无论是高等教育还是基础教育，包括在线教育在内的人才培养不可能只有一种模式。以为一种模式可以包打天下，那肯定是要出问题的。各种模式并存，以多样化的教育满足各类不同学习者多样化的需求，这样教育才能发挥更大的价值。

## 4. 如何看待慕课注册人数多，通过率低的现象？

在高等教育慕课推行的前几年，一门课程注册人数多，点击率高，然而，最终能够通过课程的人数却不是很多，一般约在注册人数的3%—4%之间。这也是一些名牌大学推出设置学生限制性准入条件的小众在线课程的重要原因。无疑，它对维护大学的声望有一定意义。

有人质疑，在顶尖大学注册的学生最终修习课程的通过率也只有3%—4%。为此，他们追问："慕课有用吗？"如果仅从通过率来看，慕课似乎是失败的。但是，学习的目的就在于获得一份课程证书吗？如果人们都能把零星的时间花费在前沿、高深知识的学习上，追求自身素质与能力的提升，这难道不是人们最想追求的"学习型社会"吗？事实上，在一开始就有很多人并没有以获得证书为目的，也有人在注册登记时有着获取证书的愿望，但由于时间或能力等多种原因而未能如愿，但他毕竟经历了这一学习的过程，在一定程度上提升了自己，这不正证明了慕课对形成学习型社会的作用吗？

学习型社会是大多数人有愿望学，并有机会学的社会。没有多少人愿意学习或者有人有愿望但没有机会学习的社会（比如跨入校园有很高的门槛或需要支付较高的费用）绝不是学习型社会。学习型社会是尽可能地开启人们学习的愿望，并尽可能地为想学习的人提供机会的社会。它不以多少人获得证书为标准。学习型社会≠学历社会。慕课推进的是学习型社会而不是学历社会！

## 5. 慕课、微课、微视频、翻转课堂这些概念之间关系非常紧密，它们究竟有什么样的联系与区别?

弄清它们之间的联系与区别，确实非常重要。一般而言，慕课的经典解释是大规模开放在线课程，这是大家都已知晓的。2008 年起源于加拿大的大学，2011—2012 年期间，由于美国知名高校如哈佛大学、耶鲁大学、斯坦福大学的积极行动，在全世界范围内引起广泛关注。中国的高校也于 2013 年 7 月加入被称为慕课三驾马车的 Edx、Udacity、Cousera 慕课平台。

微课指的是微型、微小的课，当前，微课主要以微视频为呈现方式，视频讲解的时间不长，一般 10 分钟之内。配合视频内容，老师会在网上发布学习指导单和相应的课后作业。学员网上注册后，根据老师发布的指导单，观看视频，完成作业，参与网上讨论与交流，并在规定的时间段内完成课程，学员就有可能获得相应的学分或者是学习证书。

由此可见，微课与慕课是不同领域的概念。微课，即微型、微小的课程。当然，这些课可以是放在公共网上的慕课；也可以是像哈佛大学那样放在网上作为私人定制课；甚至可以是由教师开发只用于自己教学而不与人分享，与慕课毫无关系的小型课。慕课与微课的关系可以用下图表示：

与慕课相结合的微课通常以微视频作为主要的呈现方式，并辅之以进阶作业、网上交流与讨论等。

所谓微视频，是按照课程标准的要求，教师将知识内容按照学科逻辑与学生的认知特点划分为若干较小的知识模块，运用现代信息

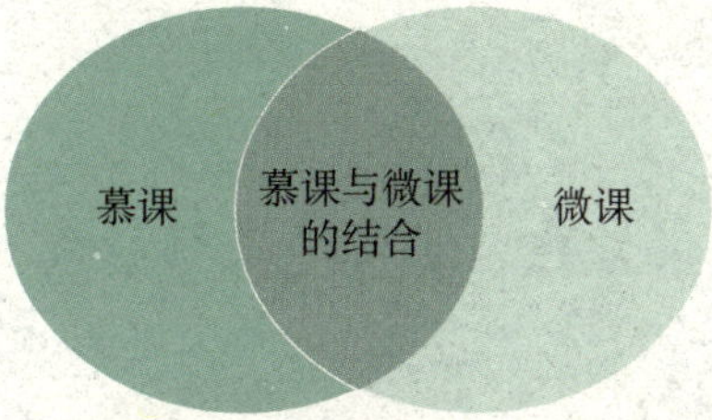


技术手段，整合图、文、声、像等要素，制作成的便于学生学习的资源。微视频作为微课学习资源的主要呈现方式，虽然承载了知识点的讲解的任务，但是微视频只是课程资源，并不是课程的全部。它们的关系可以用下图表示：

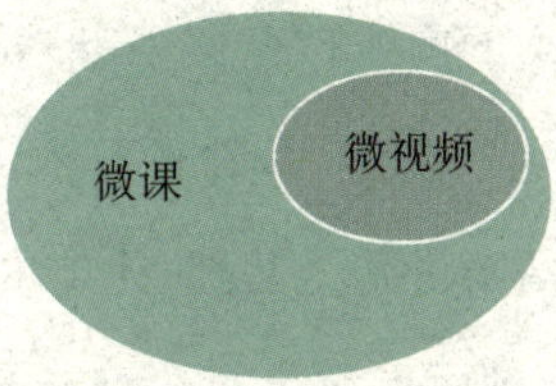


在我国中小学目前受到大家广泛关注的是“慕课＋翻转课堂”的教学模式。翻转课堂是相对于传统课堂中以教师讲解知识为主、学生课后完成作业的教学模式而言的，翻转后的课堂，是将教师的知识讲解部分以微课的形式放到课前，先让学生学习，再回到课堂上，由师生/生生一起共同完成作业，解决学生自己解决不了的疑难和困惑。它借助微课带动课堂翻转，实现从“依教而学”向“先学后教”的转变。

## 6. 何为慕课 2.0，它有哪些特点？

自孟加拉裔美国人萨尔曼·可汗(Salman Khan)2004 年将其给表妹辅导功课的视频传到网上开始，基础教育领域的慕课学习就拉开了序幕。此后，经由美国科罗拉多州的阿拉帕霍高中(Arapahoe High School)和林地公园高中(Wood Land Park High School)等校自 2005 年开始翻转课堂的实践，“慕课＋翻转课堂”的教学模式迅速地在全球扩张。然而，这一阶段，基础教育领域内慕课的特点是基于学科，以学科知识点的清晰讲解为基础，让学生自主学习，发展思维。

慕课 2.0 则是华东师范大学学者在这一基础上借助于慕课平台开发的跨学科创新实验课程。这是一门非传统的课程，与人们已经非常熟悉的语文、数学、外语、物理与化学等课程的学习不一样，是一门师生共同创造的课程，是一门线上和线下学习相结合的跨学科的实验/实践课程！

第一，这些“课”不以掌握具体知识为主要目标，而是要求学生自己动手做些什么，让学生在“亲力亲为”中成长，在体验中学习，在实践中提升。为方便学生的学习，课程开发者在各专题方面为学生准备了一些相关学科的知识，不过这些知识只是为学生的创造与创作提供一些基础。当然，跨学科创新课程的开发者确信：学生在运用这些知识的过程中对这些相关的知识会有更深刻的理解。

第二，这些“课”没有固定的答案，它欢迎学生的奇思妙想。跨学科创新课程的开发者认定，有时候奇思妙想的过程比奇思妙想得到的结果更为重要，它对提升学生的创造能力更有帮助。

第三，这些“课”都是来自现实社会的，有些甚至就是来自学生的学习与生活。比如：每天花多少时间做作业，学习成绩可能最好？怎样的膳食结构才最为健康？我们能不能自己动手建座大桥？在完成项目的过程中，学生解决问题的能力会得到更好地提升，也更能找到服务他人、服务社会的机会和路径。

第四，上这些“课”的过程也是学生个人兴趣爱好发展的过程。相信在这些项目中，学生一定会找到自己最喜欢的活动。也就是说，这些项目都是个性化的，学生可以根据自己的兴趣和特长自由挑选。这些“课”可以由学生自己单独完成，也可以和同学一起合作完成。不过跨学科创新课程的开发者相信：如果在老师指导下，与有共同爱好的同学一起来完成，学生会有更多的收获，团队意识能得到加强，每一位学生也能从中得到更多的享受。

第五，这些“课”是综合性的、跨学科的。世界本来就是综合的，所以解决这些问题就需要综合地思考，需要用跨学科的知识来解决。

第六，互动性。即学生可以充分利用互联网的便利，在网上收集资料，在网上与老师和同学交流讨论，在网上提交各种材料与展示学习的成果。这将极大地方便学生项目的完成。

简而言之，开放性、体验式、实践性、个别性、跨学科性与互动性是其最重要的特征。

## 7. 什么是无纸化教室，它有什么意义？

“无纸化教室”与“无纸化校园”的概念早已被提出，并受到了不少发达国家的重视。2014 年 10 月 20 日美国《时代周刊》刊登了《无纸化教室正在到来》一文，副标题是“美国全国推行学生人手一个计算机设备的计划将颠覆美国学生教育的方式”。文中指出：奥巴马政府计划于 2017 年，为四千九百万美国学生配备人手一个计算机设备（手提电脑、平板电脑或智能手机），同时提供足够的宽带，让所有学生同时接入互联网。根据《时代周刊》文章中所展望的场景，厚重的书本会被平板电脑所代替。所有的练习都存在云端，而不是在文件夹里。美国教育部长阿伦·邓肯（Arne Duncan）对此表示：“这将是一个很大很大的事件。”当然，美国这一雄心勃勃的计划能否按时实现，人们正拭目以待。

不过，我们不得不说，这是一项非常有远见的计划。首先，“无纸化教室”是一绿色、环保的教室。学生上学不再需要带着一大堆教材与教辅材料，不再需要带着一大堆练习本。每年，全球数以十亿计的学生不知道需要消耗多少纸张，人类要为此砍伐与消耗多少树木。况且，造纸本身也是造成环境污染的重要源头之一。“无纸化教室”解决了纸的问题，在很大程度上也解决了由教育造成的环境污染问题，这无疑是对人类的一大贡献。《东方瞭望周刊》曾在 2011 年就指出：日本已成为无纸化国家。从日本出版科学研究所的调查结果来看，网络上的免费新闻已经让不少日本读者觉得足够满足其信息需求了。一些受访者回答:"过去坐车,免不了买本《朝日时代》、《SPA杂志》,现在从手机上也能看到主要内容,早就不买了。"

第二,"无纸化教室"是学习资源极大丰富的课堂。当人们把学习资源从教材的羁绊中解放出来后,人们忽然发现,原来在我们社会中存在如此多的学习资源,并且,就其获得的便利性而言,比起学校提供的教材要容易得多。数字化与互联网把人与资源更便捷地联系了起来。那么,为什么我们还要用这一层层的纸把自己包裹起来?

第三,"无纸化教室"是使得师生、生生互联互通得到最大程度实现的课堂。由于一个教师要面对几十,甚至上百位学生,传统的课堂往往是教师"自说自话"的课堂,在这些课堂中即使教师有意让学生主动地参与课堂内教与学的活动,师生(包括生生)互动的时间比例也很少有超过三分之一的。超过这一比例,知识传授的任务就很难完成。

在无纸化的课堂中,由于学生能够多途径地获取知识(包括课前、课中与课后),由此,他们对教师讲授的依赖性大大降低,因而就为师生及生生互动留下了极大的空间,他们之间互联互通的机会得到了最大程度的保障。信息技术平台的使用,也让教师能够更加迅速准确地掌握学生的学习情况,师生/生生参与交流的机会和空间也更多了。

第四,"无纸化教室"是学生自主性能得到有效保障的学习空间。由于学习资源的丰富性与师生之间联通的便捷性,学生学习的自主性在这一大的空间内也得到了有效的保障。

当然,"无纸化"只是教育的一个理想,它不可能一蹴而就,其发展可能要经历一个漫长的过程,在实现"无纸化教室"的过程中,可能还会出现这样那样想不到的问题。而且可以肯定地说,无论历史发展到哪个阶段，书法、美术等方面的教育始终是无法“无纸化”的。字还得在纸上练，画还得在人们画的过程中体验它的乐趣。当人们把“美”作为重要追求的时候，无纸化的书法、无纸化的美术肯定只能成为人们的笑谈。

## 8. 中小学校承担着教书育人的任务，慕课能否代替学校承担教育的重任？

C20 慕课联盟，从来都没有认为中小学生的在线学习能够替代学校的教育重任，所以我们一直主张中小学的慕课学习和翻转课堂结合起来共同推进，课堂内的教学依然还是教学的主阵地。实践中我们也是这样做的，学生课前学习教学微视频和其他学习资料，完成进阶作业；翻转后的课堂上，师生一起共同完成作业，解决疑难，深化探究。

在线学习和课堂学习是一个有机的整体，两者各自有自己的优势，课前在线学习拓展了学生学习的时间和空间，它的主要优势是学生学习的自主性与个性化，这也是一个缩小学生与学生之间差距的过程。就达到教学的基本目标而言，能力强的学生学得快一些，能力弱的学生学得时间长一些，视个人情况而定；学校的课堂学习的主要优势是有师生、生生面对面交流的情景。学生个人的展示、生生/师生面对面地对话交流、教师当面及时地点拨、引导和质疑，这些都需要在课堂内才能发生，这是在线学习很难具备的功能。

当前的重要任务就是依据不同学科的教学任务和要求，探索将课前的在线学习与课堂学习有机结合的机制与策略。目前华东师大慕课中心正和一线老师一起，分别总结提炼语文、英语、数学、物理、化学、生物、政治、历史、思品、体育、音乐、美术与劳动技术等科目课前学习的重点与策略，以及课堂内教学的重点与策略。

华东师范大学慕课中心陈玉琨主任在揭牌仪式上讲话

华东师范大学慕课中心在南京金陵中学举办翻转课堂教学研讨会

## 9. 慕课与补课有什么不同?

补课是一种学生主动或学生家长要求学生采取的补救性、提高性或因应对竞赛等方面的需要而采取的学习措施。它主要的目的在于弥补课堂教学的不足。在班级授课制的情况下，教师不可能照顾到每一个学生的个体差异。因而，有些学生对课内的知识掌握不了，“消化不良”，有些学生一学就懂，感到“吃不饱”，余力无处发挥，由此就产生了课外学习的需要。

课外补课从目前来看主要有三种类型：

第一，补救性补课。这是针对学生在某一门或某几门课程学习存在问题而在课外进行的补习。教学是循序渐进的，只有学生每一步的发展得到保障，学生最终成才才能得到保障。学生在一个阶段学习中遗留的问题很可能成为下一阶段学习的障碍。

第二，提高性补课。这既有学生为谋求在短时间内形成自己的一技之长而进行的补课，如突击的外语补习、出国强化班等，也有学生为谋求在各类考试中取得高分而进行的补课。各种类型的中考高考强化班以及艺术强化班，甚至考研补习班、公务员考试补习班等都属这一类型。

第三，竞赛性补课。比如各类奥林匹克学科竞赛训练班等均属于这一类型。

凡是存在的都有它一定的合理性。补习不仅在我国大陆，而且在我国台湾以及韩国、日本等地都广泛存在，甚至其广泛的程度比我国大陆有过之而无不及。这表明，补习是有极大的社会需求的。对补习不能一概而论，对不同类型的补习需要有实事求是的分析。

在上述三种补习中，补救性补习的效果是最差的，它几乎对学生没有什么真正的帮助。就补救性补习而言，华东师范大学考试与评价研究院的一项大型调查表明：在大概率上，学生在中小学的学业成绩与补课的数量成负相关的关系。这也就是说，补课越多，在总体上学生的成绩越低。进一步的研究表明了如下几点：

其一，学生奔走在学校与校外补习机构之间，浪费了大量的时间与精力。这对学生学习质量的提高是极其不利的。

其二，无论是校内的补课还是校外的补课，本质上都没改变学生被动学习的状态。学生在这种情况下，其主动性与自主性并不可能得到发挥，尤其是在被家长逼迫之下参加各种补习班的学生更是如此。学生也不可能从自身的实际出发自定学习的进度。

其三，即使在所谓"一对一"的情况下，校内外教学的脱节使得任何教师都不可能具有真正的针对性。

其四，在商业利润的刺激下，一些所谓"名师云集"的校外教学机构其实是良莠不齐的。

华东师范大学考试与评价研究院通过对一些参与补课教师的访谈得到了如下结论：这些教师大多也知道给学生补课其实并没有多大效果，只是给他们一些心理上的安慰而已。对不少家长而言，看到别人的孩子在补课，自己不花一些钱让孩子补课，万一孩子没有考好，自己就真的难以向孩子交代了。补课对大多数家长来说是一种"从众"与"自我安慰"的行为。

提高性补习的效果差强人意，突击应对各类考试的补课效果因人而异、因班而异。其效果与班级授课几乎相同，不可能真正从学生个体学习需要出发，欠缺针对性。对于各类所谓的“兴趣班”，家长须知，学生的兴趣是在不断变化的。所以，心理学家一直在提醒人们，要在学生变化着的兴趣爱好中辨别出学生稳定的持续的兴趣。这并非是一件简单的工作。

出于竞赛的目的而参加的各类奥林匹克竞赛班是不错的，但是，奥林匹克学科竞赛只适合少数学生。不对自己的智能强项做适当地评估，盲目地参加这类竞赛班，得不偿失。

而慕课则非如此，在中小学，它出现后不久就和翻转课堂联系在一起，是一种课内与课外相互结合的教学模式。它以激发学生学习的主动性为目的，借助现代信息化、数字化与云服务，注重教学的个体性与针对性，实现优质教育资源的全球与全民共享。并且在全民监督下，以微视频为主的数字化教学资源正在得到不断地优化。

除了变革课堂教学之外，慕课确实也具有补课的功能，能为学生补习提供极大的帮助。大家知道，可汗就是从为其表妹补课开始才发现微视频在提升学生学习质量中的作用的。与线下的补课相比，慕课具有以下特点：

第一，成本低廉。由于现代信息技术的发展，今天，以微视频为代表的数字化学习资源几乎可以免费从网上获得。并且借助于移动终端，可以随时随地学习，这也就大大地方便了学生，节约了学生的时间与精力。

第二，针对性强。现代网上的学习资源大多都配以前测与后测的作业题目，通过这些测验以确定学生学习的问题，从而为学生提供最合适的学习资源。这是任何补习班所无法做到的。

第三，资源优秀。理论上，通过不断优选，人们可以做到任何一门课都能找到世界上最优秀的教师在网上授课，设计最优的视频，找到最优的教学途径。当然，由于学生认知特点的不同，人们也能为不同认知特点的学生设计不同特点的微视频，以满足不同学生的不同需要。

第四，形式多样。微视频注重从学生的认知特点出发，生动活泼，学生喜闻乐见，并且给予了学生最大程度的选择权，这有利于最大程度地调动学生学习的自主性与主动性。

**C20 慕课联盟(高中)成立大会**

## 10. 慕课学习与以往网上公开课的学习相比，最大的不同在哪里？

我们可以看到，今天的慕课学习与21世纪初兴起的大学网络公开课相比，有很多的不同。当时红极一时的网络公开课，其基本特点是大学教师课堂或礼堂讲座的视频实录，如对中国影响较大的哈佛大学的两门公开课，一门是《正义和公正》，另一门是《积极心理学》。一般来说，这类公开课每段视频的时间较长，真正能全部学完并不容易。慕课创始人之一的乔治・西蒙之所以在提出慕课的概念后不久又提出反慕课的观点，其重要的原因就在于此。大量在线课程打着慕课的名义，仍然以很传统的方式进行着教学。

而现在的慕课学习方式，最大限度地顾及了学习者的需求，是一种以学习者为中心的教与学。表面看，虽然慕课学习也是一种在线学习，但其灵活多样，极具个性，学习的互动性较强，学习体验性较好。如通过把知识内容分解成独立的小块视频（一般10分钟左右），学习者每次学习不一定要花大量时间；在学习方法和学习目标上，学习者可以自行确定，或系统地学，或碎片化地学；可以为了拿学分和课程证书学，也可以仅仅为了获取知识而学。整个的学习过程，无论是学习进度还是学习方式，学习者都能做到自我把握，自我掌控，这正是我们所期望的个性化学习。乔治・西蒙也曾提到这一点，他认为在真正以学习者为中心的学习环境下，学习者应该始终成为学习过程的主体。学习者而非教师才是学习过程的控制者。为此，有人说，慕课学习最大的特点就是把学生从“双规（规定的时间，规定的教室)”的学习中解放了出来。通过慕课形式的学习,学习者获得了深刻而极具价值的学习体验,较为理想地满足了学习上的自我需求。这也是为什么很多慕课一经推出,在短时间内就能吸引成千上万学生参与学习的根本原因。

## 11. 慕课这种形式是否比较适合高等教育，不适合基础教育？

根据中国少先队事业发展中心第七次中国未成年人互联网运用状态调查报告(2013)显示：六成以上的未成年人在 10 岁前开始接触网络，其中 23.8%的未成年人在 6 岁前开始接触网络，而 2012 年的数据显示：在 6 岁前开始接触网络的未成年人仅为 17.5%。由于这一原因，人们把 90 后和 00 后出生的孩子称为“数字化时代的原住民”，而今天的成年人则是这一时代的“新移民”。今天 00 后的这代人对智能终端的运用几乎达到了“无师自通”的地步：你给他一个平板电脑，三天后他就可以津津有味地玩起来。《时代周刊》在“无纸化教室正在来临”一文中指出：“今天的孩子更喜欢从屏幕上获取知识，而不是从纸上。”如果缺乏对这一时代孩子学习特点的认识，我们就有可能犯历史性的错误！

当然，慕课在高等教育与在基础教育会有不同的形态。对高等教育而言，大学生从学习教学视频到在线练习、互动、考试，整个环节都可以在网上完成。你选择麻省理工学院的慕课，不必亲自跑到麻省理工去。对于中小学基础教育而言，很难想象整个学习都依靠网络完成，至少现在还达不到。所以中小学的基础教育应该是把在线的慕课学习譬如学习教师精心编制的微视频，与学习了视频之后的课堂教学结合起来进行，也就是通常所说的“翻转课堂”。

目前，华东师范大学慕课中心牵头的 C20 慕课联盟(高中、初中和小学)盟校已经突破 100 所，其中不乏清华大学附中、华东师范大学第二附属中学、上海市七宝中学、上海一师附小等名校。鉴于越来越多的学校愿意加入联盟，我们也很难支撑更多学校个体性的服务，所以，前不久，我们又成立了 C20 地市教育局慕课联盟，上海市静安区教育局、广州市教育局、苏州市教育局、银川市教育局等 20 个地市教育局加入，华东师大慕课中心和各地市教育局将一起共同探索和推动基础教育阶段慕课与翻转课堂的实施。

**C20 慕课联盟在济南历下区召开中小学慕课与翻转课堂教学观摩研讨会**

从 2013 年 8 月至今，华东师大慕课中心牵头的 C20 慕课联盟在全国各地的慕课联盟学校共召开了 30 场慕课与翻转课堂的观摩研讨会，中小学校长和教师的参与热情非常之高，每次会议预计 200—300 人的规模，可每次会议总会有 500—600 人到场。最为典型的是 2014 年 10 月在上海建平中学举办的观摩研讨会，预计 400 人的规模，最后到了 1 100 多人，校园爆满，承办方建平中学不得不几次更换接待方案。学生喜欢这样的教学方式，教学效益好，是教师们的普遍反映。这在一定程度上也证明了：慕课适合中小学。

当然，更具体地，慕课与翻转课堂的教学形式，究竟在哪些方面、在多大程度上能够改善学生的学习，是需要我们持续深入研究的课题。

更让我们意想不到的是，慕课加翻转课堂的教学形式，对一些特殊儿童的教育产生了明显的效果。一年的时间内，联盟学校内有6个学校的教师给我们讲述了班级内的自闭症儿童、多动症儿童、智障儿童发生了什么样的变化。无论是学生的学业成绩，还是人际交往能力明显得以改善，这让家长激动，教师开心。当然，这只是老师们告诉我们的案例。我们也相信，还有很多老师们没有告诉我们的案例。无独有偶，美国、新加坡的学校，也出现了这样的案例，这让我们陷入了深思：这是不是有内在的规律性和必然性？初步的研究表明，这是有规律的。生动形象的视频讲解显然要比单纯的教材，更能调动学生的学习感官，有的孩子尤其是自闭症的孩子，显然对于动画、声音的学习接受度要比文字的接受度要高。与此同时，视频学习大大拓展了这些学生学习的时间，学生只要愿意，可以多次学。而在传统的课堂内，只要老师讲过了，不管你听懂还是没有听懂，很难再给这些孩子单独辅导和指导。有了学习视频，家长对这些孩子的指导和辅导也更有针对性。学生课前学会了，翻转的课堂上，这些孩子也有了发言的机会和自信了，久而久之，良性循环，其改变也是必然的。

基于此，华东师大慕课中心正酝酿成立特殊学校的C20慕课联盟，深入探索微视频学习和翻转课堂的教学形式是如何促进特殊儿童的学习的。

本书后面会重点介绍翻转课堂。翻转课堂既利用了慕课学习灵活、方便、下载容易、移动化学习的特点，充分利用了信息技术发展的巨大优势，又能兼顾到班级授课环境下师生/生生面对面互动生成、有效讲解和当面点拨等特点，非常适合中小学生的学习。

**C20 慕课联盟在上海市建平中学召开中小学慕课与翻转课堂教学观摩研讨会**

## 12. 当前，慕课学习或者说在线教育发展的机会与挑战是什么？

在线教育发展的机会主要有两个方面，一是时代的使然。数字化社会已经来临，不管你承认还是否认，它都已经是事实。互联网和移动智能终端逐渐覆盖到地球的任一角落。信息技术已经改变了人们的生产、生活、学习和交流方式，教育、学校教育不可能成为例外，它只是“最后一块待开垦的领地”，这是时代使然。教育、学校教育也是社会发展的产物，受整个社会经济、文化等各方面的影响与制约。

从学习的角度而言，农业文明背景下，师徒制度、私塾制度即可满足社会需要。而到了工业文明阶段，随着社会各行业对大批受过教育人群的需求的产生，直接催生了现代学校制度和班级授课制。当前，数字化时代已经来临，这是一个随时随地都能学习的泛在学习的时代，学习的时空发生了变化，学习不再局限于学校内、课堂内。事实性知识随时可以获得，网络查询和搜索变得方便快捷。尤其是对高年级的学生，教师不能再在课堂内仅讲述一些事实性知识，一些学生课前早就知道了，甚至有的学生知道的比教师和教材上呈现得更多。在这种情况下，教师的角色和功能究竟是什么？教师该如何教？学校教育的任务究竟有哪些？学校内的学习还需要这么长的时间吗？每节课是否一定是 40—45 分钟？这些都需要重新思考和定位，学校形态和班级授课制度不可能不发生变革。

二是在几百年的发展中，学校教育制度，尤其是班级授课制为人才培养做出了突出的贡献，但是弊端也越来越凸现。每个学生都是不同的，社会的需要也不相同。学校教育需要根据每位学生的个性需求，提供适合其个体需要的教学材料、教学方法、教学步调。班级授课制解决了让大部分人接受教育的问题，但是在一个班级几十人甚至上百人的条件下，是无法满足学生个性化学习需要的，因材施教始终是教育者的梦想。在齐步走的教学节奏下，只有一部分学生能够跟上步调，能力强者觉得无聊，能力弱者感到困惑和迷茫。学生个人的兴趣爱好、个体潜能不能得到有效激发和发展，学习较为被动。

信息技术的发展为解决学生个性化学习需求、发展学生个体的兴趣爱好等提供了可能。在网络技术的支撑下，学生自主学习、主动学习的需要有了实现的可能。这是在线学习发展的历史机遇和时代需求，而在以往即使学生想这样学习，也是不具备这些支持性条件的。

当然，当前我国中小学在线教育也面临着重大挑战：

第一，不少人总是以固定的眼光去看待慕课，并以他所看到的慕课对全部慕课做出好坏优劣的判断。其实这是非常可怕的。乔治·西蒙之所以从倡导慕课走到试图“翻转慕课”就是因为他看到太多的人还是以“慕课”的名义，用传统的方式延续着当今的教学。对翻转课堂的判断也有类似现象，有的老师缺乏深入思考，以个人所看到的 1 节或 2 节翻转课堂，来对翻转课堂教学模式的优劣下结论。

第二，网上优质课程还不完善，无法满足师生的教学需求。对于我们来说，调动全国的力量，建设具有逻辑性与结构化的微课体系，还是极具挑战性的一件事。有的学校不愿意与其他学校共享优质资源，担心优质教育资源被别人分析，有可能影响他校学生的成绩，给自己带来压力。然而，从事实来看，耶鲁、哈佛这类名校，他们拿出了学校最优秀的课程，结果只会增加学校的声誉，增加名师的社会地位。

第三，一些教师的观念和能力可能会跟不上，翻转课堂对教师提出的要求更高了，必须重新开发课堂内容，这是一个很大的挑战。课堂内，对教师来说，第一个任务就是巩固强化知识。第二个任务就是对知识进行系统地梳理。因为微视频是一个一个零散的知识点，尽管有知识图谱，但并不是所有学生都清楚知识的脉络。因此教师的任务就是把知识串联起来，系统化。第三个任务是进一步拓展深化知识。第四个任务是探究创新，在课堂里直接完成研究性学习。显然这要比以讲授为主的课堂对教师的要求更高。

在当前这样一个万众创新的时代，事实表明："一步领先，步步领先。"在竞争中，敢于投身于这一教育改革大潮的，无论是学校还是教师，其结果往往是发展最快的。为体现评奖的公平、公正，由华东师范大学慕课中心举办的"全国第二届微视频大奖赛"采用了学生评价、一线教师评价与专家评价相结合的方式，结果一、二等奖的获得者在很大比例上就是"全国第一届微视频大奖赛"的获得者。我们从最初的疑惑走向了释然，一个可能的解释就是他们以开放的心态，为全国贡献优秀的教学视频，同时，在这一过程中，他们也得到了快速的发展。我们也非常欣喜地见到：清华大学附中、青岛二中、杭州育才中学等一批中国名校为中国基础教育慕课贡献了一大批优秀课程，一批数字化时代教育改革的名师也在这一过程中逐步地脱颖而出。

中国的名校、名教师必须要有责任、有担当，要敢于把自己的课拿出来，分享给所有想学习的人。

华东师范大学慕课中心 C20 慕课联盟慕课建设与翻转课堂教学观摩研讨会暨上海市静安区数字化促进区域教育走向个性化研讨交流会

# 第二部分

# 关于微视频

## 13. 什么是微视频,它有哪些特点?学生在线学习教学微视频有哪些优势?

在我国中小学,教学微视频是按照课程标准的要求,教师将知识内容按照学科逻辑与学生的学习特点划分为若干较小的知识模块,运用现代信息技术手段,整合图、文、声、像等要素,制作成的便于学生学习的视频学习资源。教学微视频是实施翻转课堂的重要前提与准备,制作优质教学微视频是开展教学模式改革的第一步,也是中小学教师的迫切需求。上海师范大学黎加厚教授把"会制作微视频"称为是21世纪教师的教学基本功。

和传统的视频公开课相比较,教学微视频突破了单一媒体信息呈现的不足,改变了传统的教育教学模式,也使学生的学习方式发生变革,主要特点表现为:

(1) 视频短小精悍,内容聚焦。教学微视频第一特点当然体现在"微"上,即微型、微小,内容聚焦,时间长度一般不超过10分钟,符合视觉驻留规律和中小学生的认知特点。根据生理学研究,年龄越小的孩子,注意力集中的时间越短。为保证孩子有效地接受信息,微视频必须短小精悍。为此,每个教学微视频一般都只围绕一个知识点,主题突出,教学目标明确,内容精炼,并以多种方式呈现,学生的学习变得有趣、轻松且有重点,有利于学习效率的提高。

(2) 碎片化学习方式。学生在课前观看教师制作的或者挑选的优质教学微视频,表现为1对1的学习(指每一个学生都有一台信息化终端,诸如上网本、学生电脑、手持式智能设备等),学生可以在任何时间、任何地点开展学习，在有限时间内学习短小的、紧密连接的信息单元，符合当今网络时代信息碎片化的学习方式。

(3) 学生自己掌控学习进度。从学习环境上看，学生是在独立的环境中自由学习，没有教师督促的压力，也没有外部评价的干扰。学生学习的速度和程度完全由自己掌控，根据自身对知识点的实际掌握情况，自主安排学习进度，懂了的快进跳过，没懂的倒退反复观看，也可停下来仔细思考或做笔记，真正实现了“按学生自己的步骤学习”。

(4) 确保知识点的掌握。微视频学习以“100％＝1”为原则，所谓“100％＝1”是指对于普通学生而言，原则上100％的学生能够100％地掌握所学知识。只有掌握了这个知识点，才能进入下个知识点的学习。在微视频学习的过程中，会有一些小测试或者进阶作业，学生只有答对才能继续学习。也就是说，学生只有在充分掌握了一个知识点后才能进入下一个知识点的学习。这种“通关”式设计，可以使学生长时间保持积极的学习状态；同时，不断夯实学生知识基础，避免知识点的断层，预防“学困生”的出现。

“不让一个孩子掉队”在西方世界是一个颇具吸引力的口号，不过事实上它只是西方政治家为换取选民选票的小小伎俩。在目前的课堂教学环境中，能够让85％的学生能在课堂上掌握85％的知识就已经算是非常成功了。然而，还有15％的学生和15％没有掌握的内容怎么办？教师几乎没有可能再为他们重上一遍。这就是当前学校教育面临的困难。我们始终坚信：“只有学生每一步的发展得到保障，学生最终成才才能得到保障；只有教学的每一环节得到保障，教学的最终质量才能得到保障。”这也是为各校日常教育教学活动反复证实的规律。遗憾的是，这也是当前各国教育中几乎无法解决的问题。“慕课”为这一问题的解决提供了一个可能的途径!

(5) 在线互动。借助于学习平台,学生在观看视频过程中遇到不理解的地方,可以通过虚拟讨论区、微博、博客等社交网媒方式向教师寻求帮助,教师会对一些重要问题做出解答;同时也鼓励学生互助,在解决学习疑难问题的过程中共同进步。这一环节的互动,旨在完成知识的初步理解和建构。

更重要的是,这一在线的互动为线下、课内的互动奠定了良好的基础。

(6) 及时诊断与反馈。学习平台可以随时记录和分析学生观看微视频的情况,如学生知识点的掌握情况,哪些已经精通,哪些还存在困难;完成了多少练习,正确率如何等。通过学习平台的评估检测系统,教师可以全面地了解每一个学生的学习速度和掌握情况,从而了解每一个学生的真实水平,为有针对性地给学生指导提供了便利;学生通过在线的及时诊断和观看视频后的系统诊断,也可以充分把握自身的学习状况。

## 14. 对于知识点的讲解，教材上都有了，为什么还要做成微视频？

编制教学微视频，确实挺花费教师的时间和精力的，尤其是刚刚开始编制时更是如此。所以，也有老师提出，对于知识点的讲解，教材上都有了，为何还要录制成教学微视频。

应该说，这完全是从学生学习效果的角度来考虑的，我们都知道，每个学生的学习方式和学习爱好都是不一样的。有的学生喜欢阅读文字，有的学生喜欢听教师讲解，有的学生喜欢看动画，有的学生喜欢自己动手等。

这里我们需要分析一下教材呈现知识和微视频呈现知识的区别：教材是以“纸”为载体来呈现知识的，呈现的形式是文字和图片，呈现过程是静态的。它更加强调学科知识的逻辑性和系统性。教材的编写者是大学学者和优秀中小学老师，呈现风格是学者风格，但阅读的对象却是全国中小学生。而微视频呈现知识时，可以综合声音、图片、动画、文字等多种方式，这可以刺激学生的多元感官，不仅仅是眼睛，还有耳朵，有时还需要动手。编制微视频的过程是教师对教材的再加工过程，编制微视频可以引用更多本班学生生活中的案例，这可以让知识的呈现方式更加符合本校、本班学生的学习特点。

所以，我们说，微视频创作的过程是对教材进行再加工、再创造的过程。创作教学微视频需要老师精心设计，让知识的讲解，更加贴近本校学生的学习特点，更加贴近学生的生活。为此，我们特别强调：编制教学微视频，切忌照本宣科，不能把自己以往的课件讲一遍录制下来，这既浪费了教师的时间和精力，又没能充分发挥微视频应有的教学优势。制作教学微视频需要教师对教材再加工、再创造。

华东师大慕课中心在上海金山第二实验小学的微视频系列编制专题研讨会

## 15. 微视频和传统视频公开课有哪些区别?

随着信息技术的发展,视频在教育领域的应用形式也发生着变化,从最初的教育影视、网络视频课程,演变为微视频课程,历经了长期的发展过程。在网络视频课程的建设方面,美国麻省理工学院于2001年启动开放课程资源(Open Course Ware, OCW)计划,宣布将多门课程放在互联网上,供全球免费享用。此后国外著名高校纷纷效仿,推出一系列网络视频课程。2009年,哈佛大学推出高质高清课程《正义和公正》、《积极心理学》等课程,引发了新一轮视频公开课程建设的热潮。除了国际名校公开课,TED演讲也受到广大学习者的欢迎。在国内,以国家精品课程建设项目为依托,北京大学、复旦大学等国内著名高校也推出了众多视频公开课,至今已累积了上万门课堂教学资料。此外,一些商业性的网站也涉足网络公开课领域,打造不同的视频传播平台。以往的网络视频课是教师的课堂实录,更多展示的是教师怎么上课,时间比较长,对于学习对象的特点考虑得不是很充分。微课中的微视频和以往的网络公开课视频的区别主要有以下几个点:

(1) 时间的区别。传统视频课程每个视频时长大约在40—60分钟;而每个微视频时长约5--15分钟。

(2) 内容的区别。教学微视频呈现的是知识的讲解与梳理,不出现任何与学习内容无关的信息,如教师形象。如萨尔曼·可汗所言,不出现教师形象,就是要让学生真正地对讲解的内容产生兴趣,对知识的逻辑与发展脉络产生兴趣。而传统的视频公开课，是完整课堂的录像，重在教师的教，包括教师教了什么，以及教师是如何教的，教室内的一切信息都在视频中，分散学生注意力的信息比较多。应该说，凡是能够进行课堂录像的教师，都是在该领域比较有影响的好教师，不论其对内容的把握，还是教学艺术方面，都是比较好的。然而，平时生动形象、幽默诙谐的讲解，在课堂录像中往往消失了，录像呈现的往往是比较正统乃至有点呆板的说教，尤其是一些录播课程这一特点表现得更为明显，由此，它就很难吸引学生学习的注意力。当然，教学微视频开始录制时，部分老师也有这方面的问题，过于正式、不够自然，更谈不上诙谐幽默，好在过一段时间后，教师逐渐明了了视频教学的本质和要求后，教学风格在逐渐变化。

此外，传统视频课程主要是基于学习主题的专题式视频，每个专题下分不同主题阐述，专题与专题之间关系松散，没有直接联系；而微视频则是基于知识模块的小视频，每个微视频阐述一个知识点，相对独立，但不同微视频之间有着内在严密的逻辑关系，整体上构成一个完整的知识体系。

(3) 功能的区别。传统的视频课程呈现的是完整的教师授课过程，教师或者整个课堂出现在“镜头”里；视频外，没有练习，没有师生互动、生生互动，缺少讨论的氛围，这些视频仅仅是作为学习的资源。微视频制作过程中，教师并不出现在“镜头”里，而是将教师讲解的声音、知识内容等呈现出来；同时，除了各学科系统的微视频，还有相应的平台建设，包含作业模块、互动模块、诊断与反馈模块等，这些功能独特的模块为教师及时了解学生的学习情况、分析学生学习特点、预测并调控学生的学习行为提供了强大的支持。

(4) 关注重点的区别。传统视频课程中，以大学的网络公开课为例，只是把知名教授的授课过程录制下来，强调的是“教”；而在线的教学微视频突出的是学生“学”的过程，强调教师在讲解的过程中引发学生积极思考，使教师与学生思维同步，让学生主动吸收并内化知识。

这里需要特别强调的是：在基础教育领域，以微视频为载体的慕课并非是单独存在的，它与翻转课堂紧密地联系在一起构成一个完整的“先学后教”的教学模式。这是与传统视频课程最大的不同。

## 16. 优秀微视频有哪些特征?

这也是一线教师刚开始制作微视频时很关心的问题,这里结合我们观看微视频的体会,谈谈自己的观点。华东师大慕课中心于2013年9月开始,组织了全国中小学教师和全国高等院校学生参加的“翻转课堂”微视频大奖赛,在充分吸取了有关学者成果的基础上,认真研究了被中小学教师与学生认可的优秀视频后,制订出了如下的视频评审标准,也可以看作是优秀视频的特点:

(1) 目的性。教育是一项合目的与合规律的社会活动。为此,当我们选择这一知识点制作微视频时,首先需要考虑的就是:通过这段视频,我们究竟想让学生学习什么,包括什么知识、什么技能、什么能力与怎样的态度、情感与价值观。

这是教育的首要问题,当然也是制作教学微视频的首要问题。国家课程标准对此已经做出了原则性的规定,微视频的主要任务就是将这一原则性的规定在视频中具体落实。为此,微视频要做到教学目标明确,主题突出。一个微视频解决一个知识点的学习问题,围绕主题,重点突出。

(2) 科学性。科学性要求视频无价值观失误和无知识性错误,这是微视频录制的底线性要求。知识性错误包括不准确的概念解析、不当的举例与不规范的书写等等,这些都是需要避免的。

与课堂教学不同,在线开放微视频收看的可能是数以百万计的学生,科学性的错误会带来难以弥补的损失。

(3) 可学性。可学性有时是会被教师遗忘的。教育技术的运用是为了服务于学生的学习，不是为技术而技术。制作教学微视频时所选择的录制方式、图片背景的选择、文字的呈现方式等等都要服务于学生更好地学习。不需要动画时，如果出现了动画则会分散学生的注意力，课件的背景过于华丽同样如此。

(4) 悦读性。悦读性就是要让学生喜欢看，喜欢读。数字技术借助于音频、视频等多种手段的结合，为悦读性提供了极好的手段。为此，视频制作要充分考虑视觉效果，因而界面的呈现要简洁、友好，和学生的年龄特点和心理特点相符合。制作者要充分利用这一优势，恰当运用相关技术，把内容与形式完美地结合起来。

(5) 怡听性。怡听性是指视频内容的讲解要清楚、生动、有条理。教师的讲解是视频学习中非常重要的要素，因而，在视频中教师要做到讲解科学、清晰、有条理，又要亲切、生动，做学生身边贴心的指导者和学习的帮助者。同时，在视频讲解的过程中，节奏的把握与控制，也是怡听性或者是科学性的重要方面。教师要多考虑学生的可接受程度。语速过快，内容呈现过快，学生跟不上节奏，学起来比较吃力。

(6) 基础性。微视频学习只是翻转课堂教学模式的一个组成部分，它并非是教学过程的全部。为此，制作者要抓住"知识点"这一最基础的部分，不要试图解决学生学习的全部问题。

与此相关的是，在知识点方面，教师也要把重点放在与主题紧密相关的知识点上，而不要随意扩展与加深。

根据大多数教师的经验，我们建议：教师在录制微视频时，应优先选择台式电脑，外加一副耳麦，尽量避免使用手提电脑。因为，手提电脑内置的降热风扇产生的噪音平时人们并没有感觉，但在录制后的视频中会明显地出现，这会大大降低视频的质量。

为提高微视频的整体效果，有时请一些专业人员对录制好的视频做一些后期加工也是可取的方法。此外，一部优秀的微视频还要避免地方口音过重。一些优秀的教师完全可以与其他教师合作创作教学视频，实现优势互补，确保视频质量。

**华东师大慕课中心第一届全国中小学教师、高等院校师范生微视频大奖赛颁奖典礼**

## 17. 为什么微视频的时间不宜过长?

教学微视频的时间不宜过长,一般而言,不超过 10 分钟。即使高中阶段的教学微视频,我们认为,时间最好也不要超过 15 分钟。西方国家有个观点,也是录制微视频时的时间控制原则,即“加 1.5 分钟”的原则。小学一、二年级 3 分钟左右,小学三年级 4.5 分钟……翻转课堂的创始人之一亚伦·萨姆斯提出了“几年级就做几分钟”的视频制作原则,三年级的视频做成 3 分钟,4 年级做 4 分钟,5 年级做 5 分钟……也有人提出,6 分钟是学生学习注意力保持得最好的时期,如果超过了 6 分钟,学生就有可能“分神”。当然,这些都不是绝对的,而是要根据教学内容和学生情况而定的。

其实,大体上上述时间的规定还是有一定的科学依据的。视频播放的时间段基本上是该年龄段学生集中学习的时间段。时间长了,学生会厌倦,看不下去,达不到理想的学习效果。时间过短,则不能有效地讲解内容。上海师大黎加厚教授说过,即使给老师们作讲座,每过 10 分钟也要变化一下讲课方式,包括课件呈现的方式。成人学习尚且如此,孩子的学习中这个特点会表现得更为突出。

在现有的微视频中,我们也发现了不少微视频,把整个一节课 45 分钟内要完成的学习内容,要经历的学习过程,压缩在了微视频的讲解上,这就必然导致录制的内容过多,时间过长,有的甚至达到了 15—20 分钟。学生学起来累,教师录制的过程也很辛苦。造成这种现象,一定程度上与教师对微视频的定位有关,有的教师把教学微视频视作了课堂教学的压缩版，而把课堂教学视作了放大版的微视频。我们认为，对于和翻转课堂相结合的微视频来说，这种定位是错误的。微视频主要完成知识的理解与识记等低层次认知任务，而高层次认知如知识的应用、分析、综合与评价等需要在翻转的课堂上来完成。因而，微视频学习和翻转后的课堂教学，是优势互补的。两者的教学重点不同，功能不同。

所以，微视频教学要在学生感到厌倦之前，把主要知识点清晰地讲解完。这时可以呈现几个进阶作业题，让学生思考、练习，检测学习效果。当然，为了激发学生学习的积极性，有的教师在视频中间穿插一些写作业题或让学生思考的题目，也是挺好的。

**华东师大慕课中心第二届全国中小学教师、高等院校师范生微视频大奖赛颁奖典礼**

## 18. 微视频的研发过程中要注意哪些问题?

根据我们在观看微视频过程中的总结概括,比较容易出现的问题,也是微视频录制过程中需要注意的问题,主要有以下几个方面:

(1) 越俎代庖。有的教师制作微视频时,是将课堂上 45 分钟要讲解的内容,压缩到了 15 分钟内的视频讲解上,既有概念探究、例题讲解,又有实际应用等环节。他们试图用一个微视频解决课堂教学的所有问题,让微视频承载了过多的内容,但结果往往是事与愿违,过多的内容,学生在较短的时间内接受不了,消化不了,反给学生带来了较重的心理负担,挫伤了学生的自信。因此,微视频教学不应该替代课堂教学的任务。

(2) 节奏过快。与上述内容过多相联系,过多的教学任务,老师要在 10 来分钟内完成,就带来了讲解语速过快的问题。老师急着赶进度,PPT 一页页往下翻,急匆匆讲完内容,却不知学生听起来很累,思维跟不上老师讲解的节奏,影响学习效果。

(3) 太过正式。教师习惯于教室内面向全班学生的讲解风格,微视频中教师依然会惯性地沿用这种作法,导致语音语调过于正式,不够亲切,“教师腔”比较重,这样的风格学生在家学习时效果不一定好。微视频的讲解强调教师语言亲切、和蔼,是一对一辅导或者指导的风格。

(4) 呈现不清。视频呈现不清,包括两个方面:一是内容呈现不清楚,要么是 PPT 整版推出,要么是 Word 文档整版推出,一个版面的内容过多，学生看不清楚；二是呈现的思路不清，尤其是数学的讲解，需要一步一步地呈现解题步骤，不能漏掉任何细节，而不是瞬间呈现几个步骤，造成思维的跳跃，不利于学生的理解。

(5) 讲解不明。教师的讲解不明也包括两个方面：一是讲述的冗余信息多，不利于学生抓住学习要点；二是录制声音过小，学生听起来费力，这些都不利于学生对视频知识内容的理解。

(6) 分散注意。视频的制作，一切要从有利于学生知识学习的角度来考虑，避免可能分散学生注意力的要素，如当需要学生思考的时候，版面上出现了跳跃的小动物；还有 PPT 背景过于华丽，会分散学生对知识学习的注意力。其他诸如录制画面晃动、有噪音出现等，都会分散学生的学习注意力，应为教师所重视。

(7) 广告植入。有些微视频中出现了一些商业广告，虽然非教师故意为之，但是需谨记，视频教学中不得有商业广告出现。微视频教学和课堂教学有所不同的是，视频一旦放到网上，就会被全球的学生长期观看，因而，视频中不宜出现商业广告。其原因在于：第一，商业广告有可能分散学生的注意，不利于学生集中精力于教学内容；第二，微视频中出现商业广告有损于教师的形象，降低了学生对教师的信任度，由此也就有可能降低学生对教师所授教学内容的信任度，在社会科学的课程中尤其如此；第三，还有些广告本身对学生的身心健康发展会产生不利影响。

## 19. 教学微视频的制作需要遵循哪些原则?

制作良好的微视频是提升教育质量的重要保障。那么如何才能制作高质量的微视频呢?实践表明,教学微视频的制作需要遵循以下几项原则:

(1) 小步子原则。小步子原则与下述即时反馈的原则等是斯金纳(Burrhus Frederic Skinner)程序教学思想的重要体现,尽管这些思想受到过一些学习理论专家比如奥苏贝尔的质疑[①],但从慕课在中外各国的实践来看,这些原则还是很适合慕课学习加翻转课堂实践的。

小步子原则要求将教学内容分解成一步一步的,两个步子之间的知识跨度要小,由此,学习者的学习就容易获得成功,并帮助他们建立起自信。因而,教师在制作微视频时,要尽可能细化各知识点,一个微视频解决一个知识点的教学,做到短小精悍,讲解清楚,让学生循序渐进地掌握每个知识点。

(2) 即时反馈原则。研究表明,在学了一个知识点后,立即进行反馈和矫正,要比间隔一段时间后再给予反馈和矫正,效果好得多。同时,让学生即时知道自己的答案正确,这是树立信心、保持行为的有效措施。因而,制作微视频时,要保证学生在学习微视频的过程中或一个微视频学完之后,让学生完成与该知识点相关的进阶作业,监测和矫正学生学习的情况,这对于保障学习效果有重要价值。

---

① 施良方.学习论——学习心理学的理论与原理[M].北京:人民教育出版社,1994:255.

(3) 积极反应原则。视频学习过程,要让学生始终处于一种积极学习的状态。为此,让学生在看视频的过程中完成作业、提出问题、作出笔记,设计通关式的作业或“满十进一”的程序,都是让学生处于积极学习状态的重要举措。

(4) 多元可选择性原则。微视频的制作便于学生选择适合自己的学习资源和学习方式。有的学生喜欢逻辑性强的分析说理,有的学生喜欢生动形象的知识呈现,有的学生喜欢在完成任务过程中学习,有的喜欢直接听讲等。这就要求教师尽可能地给学生提供多样的学习材料,让其通过不同的学习途径,以适合自己的方式学习,让学习效果最大化。这就要求组织者能够以不同的方式来设计微视频。对同一内容、同一知识点,有时需要提供多样化的视频,充分照顾学生的差异,让每个学生能够按照自己的节奏与方式来学习。

(5) 指导而非教导的原则。如可汗所言,学生学习微视频的过程,最好能够让他感觉到老师在指导和帮助他学习。在这样的场景下,教师需设想一对一辅导的教学节奏和方式,而不是使用平时在课堂里面对全班同学讲解的语速和语调。因而,教师在微视频中讲解学习内容时,其身份是“学生身边的指导者”,而非“讲台上的圣人”。教师语言的幽默亲和也是视频制作成功的重要因素。

(6) 留有余地的原则。留有余地首先是指要给学生进一步地思考留有余地,不要把学生的思维空间塞满。微视频只是学生学习的一个环节。有些教师在视频中讲完知识,再讲运用,还有发展学习思维的其他要求。其实,这就把学生独立自主思维的空间占满了,并不利于学生思维的发展,这是需要避免的;其次,留有余地还指给学生在课堂讨论中留有余地;最后,留有余地指教师要给自己在课堂翻转上留有余地。

(7) 持续改进的原则。微视频不同于教材,教材出版要有相当的周期。而微视频随时可以修改,这正是微视频的魅力所在。作者自己可以修改,其他人如果认为现存的微视频有不足之处同样有修改的权力,都可以凭借自己的学识与智慧修改在网上呈现的视频,以提高微视频的质量。当然,与此同时,同行教师也可以通过提出修改意见,甚至创作新的替代作品来提升现有微视频的质量。

## 20. 微视频与粉笔加黑板的教学相比有什么优势?

借助于现代数字化技术,教学微视频可以方便地整合图、文、声、像等要素,它具有传统课堂内粉笔加黑板的教学方式所不可比拟的优势。这些优势主要有下述几项:

(1) 抽象概念的形象表示。微视频教学可以同时使用文字、动画、图片等工具来展示教学内容,因而它可以将抽象的概念形象化,将看不到、摸不着的东西可视化,帮助学生理解相关概念。比如物理学中磁场感应的现象,数学中的数形结合的思想,几何图形的空间结构,生物学中的光合作用等,对初学者来说,这些都是非常抽象的概念,微视频教学可以利用动画、图片,将这些抽象的概念,给予形象化的表示。

(2) 微观世界的放大表现。对于生物学中的纤维构成,细胞核、细胞壁的结构,物理学中的原子运动轨迹,化学中的分子运动等现象,微视频可以将其放大化,便于学生看得清楚、学得明白。

(3) 宏大宇宙的缩小呈现。如物理学的天体运动规律,自然地理学中的板块构造学学说、洋流成因、经纬度的表示等等,生物学中生态平衡的维持与破坏等,都可以通过视频清晰地展示出来。诚如一位物理老师而言,这样给学生讲解,学生一看就会,很容易理解。

(4) 变化过程的动态展现。一些事物的变化过程用语言描述是很苍白的,然而,运用微视频则可将这些变化过程动态地表现出来。机械引擎工作的原理、生物亿万年的进化过程,人们都可以用动画、图片将其每一阶段的变化特点清楚地展现出来；一个几秒内就完成的化学反应，人们可以将其在视频中完整地再现，甚至可以用“暂停”的方法，使学生能看清其每一步的变化。

(5) 操作技术或方法的清晰展示。包括对书法和美术教学中的运笔展示，体育中的动作展示和操作方法，以及物理或化学中实验操作的步骤和方法教学等。如果在教室内，教师的演示只有前排的几个学生看得清楚，大多数学生没有机会观看。如果在视频上演示，每个学生都能清楚地看到老师运笔的动作或实验的步骤和方法，再配上恰当的讲解，便于学生高效地学习，看不懂的可以重播、再重播，这是课堂上进行技能展示所不具备的优势。

其他诸如语文或英语学习中的语法讲解、词汇记忆、写作技巧等，在视频中的讲解都可以使之变得更加形象生动，激发学生学习的兴趣。

因而，针对知识讲授、概念解释、事实呈现或者方法展示的教学内容，使用微视频教学，能讲解得更清楚，展示得更形象、更生动，便于学生学习和理解。这也减少了老师在每堂课上重复讲解的负担。如深圳南山实验教育集团的一位美术老师教 8 个班，“原来一节课要画八遍，现在有了前置的视频，上课就轻松多了。”可以说，微视频是“知识最高效地呈现”。学生通过微视频学习知识点则是“一次精准传输，多次重复强化”。

## 21. 微视频中为什么不宜出现教师形象?

视频是服务于学生学习的,因而,一切有可能分散学生注意力的要素都要被摒除。

我们发现,在视频中出现教师形象,是分散学生注意力的一个重要因素,尤其是当学生不熟悉该位老师时,更容易分散其学习的注意力。有教师的出现,观看、研究这位教师,是学生不自觉的一个活动。看看老师的发型,估算一下老师的年龄,扫描一下他的衣服款式、脸上的皱纹、颈部的项链、说话时的口型等等。这些是学生乃至成人观看视频时会不自觉地注意的方面。因为相对于视频内容的抽象性、静止性、文字呈现性等特点,教师的形象是具体的、形象的、活动的。可汗也认为,不出现教师的形象,是为了更好地突现教学内容,让学生对学习内容本身产生真正的兴趣。

当然,实践中也有老师指出,如果老师做的视频是专门给自己的学生看的,那么,在视频播放的过程中,比如每隔 2—3 分钟,在视频的右下角或者左下角的地方,可以出现一下教师的头像,这样学生就会感到老师是“在现场”的,是和自己在一起的,学生会觉得更为亲切。这也是可以尝试的一种思路。

## 22. 微视频课前看好还是课后看好?

从功能和内容两个角度来看，目前的微视频共有三大类：第一大类是作为翻转课堂教学部分的微视频，视频学习是翻转课堂的组成部分。学生通过视频学习，完成知识的初步理解与把握，翻转的课堂上，教师就不再重点讲解知识了，而是和学生一起完成作业、动手实践、解决疑难等。对于这一类和翻转课堂相结合的微视频，我们主张应该是在课前看的，因为它遵循先学后教的原理。通过检测学生课前视频学习的效果，教师能很快把握学生的学习情况，并在此基础上进行更有针对性的教学，让教学更具个性和针对性，提升课堂教学的效益。

第二大类是作为“培优补差”用的视频。纵观现有的教学视频，确实存在不少的视频，主要是为了帮助学生学习知识体系中的重点、难点、易错点、易混淆点等。课堂教学的结构不发生变化，教师的教学方式和以往一样。视频的学习为了“培优补差”用的，学生在课外有时间就可以随时学习。对于这一类的视频，我们认为，它可以放在课前看，也可以放在课后看，其实质都是放在课余时间看。

第三大类是作为课堂教学内补充资源以丰富学生体验用的视频。这一类教学视频，是放在课堂中供学生看的，即教师在课堂上讲解知识的过程中，根据教学需要，灵活插播一些教学视频。这样的视频，我们在中小学校听课时也经常会看到。我们认为这类视频的特点与要求有两个方面：一是视频的内容不能是教师对知识的讲解，如果此时播放的视频还是教师对知识的讲解，不如教师当堂讲授。所以，这类视频的内容主要是为了弥补课堂上教师讲解的不足，如从网上下载一些和讲课内容有关的教学专题片，以增强学生的体验。这类视频也可以是实验的演示、动作技能的展示，因为这些内容可以让学生反复观看；二是使用这类视频，课堂教学的结构可以不发生变革，教师还是按照以往的方式来教学，只是根据教学的需要，播放一段视频，丰富学生体验。当然，在翻转的课堂上，如果需要，也可以随时插播这样的视频。

所以，微视频究竟是课前看，还是课中看，还是课后观看，要从微视频的功能出发，进而对视频的内容做出要求。如果是翻转课堂教学的视频，最好是放在课前看；如果是为了“培优补差”的视频，放在课前或课后，总之是课外时间看即可。当然根据课堂教学的需要，还可以做一些课堂中观看的视频。

这里最主要的是要把握住，视频学习是学生自主学习的过程，是满足学生个性化学习需要的，因而尽可能地放在课余时间，让学生一个人观看。学得快的可以快进，学得慢的可以多看几遍。而在课堂上看视频，还是集体观看，达不到个性化教学的目的。

## 23. 微视频是借用网上现成的资源比较好，还是自己制作比较好？

曾有老师说，既然网上有很多的视频资源，那么就不需要每位老师自己制作，只要从网上下载即可。也有老师认为，网上的视频做得再好，不适合自己学生，还是自己做比较好。

实践中这两种做法都有，有的学校和教师就是直接利用现有的网上资源，也有的学校倡导以本校老师自己做视频让学生学习为主。对于这样的疑问或争辩，我们认为，确实要根据实际的效果来定。一般而言，网上的微视频，它经过了数以万计，甚至数以十万计的学生的检验，在较大程度上可以说是获得了学生的认可，其质量是比较高的。充分利用这些资源无疑对提升教育教学质量会有较大的帮助。因此，目前有不少尝试过慕课学习的老师指出，对于知识点讲解为主的视频，直接从网上下载是可行的。毕竟，对于围绕基础知识点讲解的视频，学科素养的高低，视频创作能力的强弱，决定了视频的质量，也决定了学生学习的效率，借用网上成熟的教学微视频是一简单可行、能迅速提升教学质量的办法。这就像今天虽然国家确定了课程标准，但各地使用的教材可能还不一样，不过，全国各地使用的教材大概也还就是这几套，可能是“人教版”、“上教版”、“苏教版”或其他出版社的版本，教师只是根据学生的实际灵活地使用教材，很少有教师会再下工夫去编教材。

名校的老师的学科素养或许更高，讲解或许更清晰。如果老师认为直接利用这些资源，既能减轻自己的负担，又能取得更为理想的教学效果，那么我们为什么不直接利用网上的视频资源呢？

当然，各校的学生都有自己的特点，社会也鼓励各校办出特色，所以仅仅依靠网上的资源不仅是不够的，而且是非常不明智的。教师要从本校、本班学生的特点出发，努力开发出一些适合他们特殊需要的视频。就像国家课程，我们一直强调在一流的学校，它一定是经过教师加工改造，经过二次开发，是校本化的。

尤其是为本校学生定制的一些习题讲解、试卷分析的视频，无疑最好是老师自己讲解、自己录制视频，这样习题的选择、讲解的方式则会更具有针对性，更符合本校学生的学习需要。

## 24. 语文学科微视频的编制应该注意哪些问题?

实践中,不少语文老师感觉编制出高质量的教学微视频很是困难,语文学科知识点不像数学学科那样清晰,有些内容的教学并不是很适合在微视频上讲解,而是需要在师生面对面的情境中互动生成。所以,语文学科中哪些内容适合在微视频中讲解,制作语文的教学视频需要注意哪些事项等,就成了困惑语文老师的一大难题。这里我们也从两个方面进行回应:一是语文学科中哪些内容适合在视频中讲解;二是制作这样的视频需要注意哪些事项。

我们知道,语文教学必须紧扣文本(字),走进文本(字)的深处,品味文章中精妙的语言,在与文本的对话中使情感得到陶冶。语文教学不能脱离语言文字直接讨论作品的思想内涵。根据语文教学的要求以及学生视频学习的特点,我们认为,语文学科中适合在视频上讲解的知识点主要有:生字词、语法以及修辞手法的讲解;文章写作的背景,作者的人生经历,阅读的指导以及写作的指导等方面。总体来看,这些内容更多属于事实性知识、概念性知识和程序性知识的范畴。从认知层次上来看,属于知识的理解和识记层面。具体而言,在以识字为主要任务的教学中,学生视频学习的任务是理解并记住生字词,课堂上可以进行更多的口头和书面练习;在阅读为主的学习中,学生视频学习的主要任务是疏通字词意,知道阅读文本时需要注意的事项和所要思考的问题,并在阅读文本的过程中理解文本的基本内涵,这样课堂上就能进行更深入地理解和交流;在写作的教学中,学生视频学习的主要任务是,通过案例分析的形式,知道写作特定文体的文章应该注意的基本规则,以及写好该类型文章的一些基本要求等,视频中也可呈现形象生动的画面等写作素材,这样课堂上就更多地进行写作练习。

基于上述视频教学的任务和重点,分析现有的优质语文教学视频,我们认为,制作出优质的语文教学视频需要注意如下几个方面:

(1) 在字(词)的教学中,生字词的讲解尽可能和学生生活情境紧密联系,尤其是低年龄学段的教学更应如此。让学生在熟悉的生活情境中、在熟悉的物件的基础上理解并记住字词。教师在课件中呈现字词时最好辅以形象生动的图片和动画,能够体现字词含义的生活画面等,以增强学生的直观感受和体验,加强学生对字词和生活情境的联系,方便学生的理解和记忆。同时,在视频讲解的过程中,需要学生跟读的地方,老师需要放慢讲解的节奏,提示学生跟读。有时也可以让学生在平板电脑上写写画画,以增强视频学习的互动性。如有需要,在视频学习结束时,给学生留下练习书写的任务。

(2) 在现代文阅读以及文言文的视频教学中,学生课前学习时,最好先让学生自主阅读文本,在阅读遇到困难时再来看视频,效果会更好,这是阅读课的视频教学设计的主要思路。视频中主要讲解作者的人生经历、写作该文本时的背景、文章中新出现的生字(词)等,在此基础上提示学生进行文本阅读时的注意事项以及需要思考的问题。此时,生字词的讲解不仅要以学生能够接受的方式来进行,更要注意把对生字词的讲解放在文章描述的社会生活背景中让学生理解。课堂上在师生面对面的交流中,让学生发表自己对文本内容的思考,并在教师的引导下深化并升华对文本的理解。

需要注意的是,在以阅读为主的视频教学中,视频学习的主要目的是为了学生更好地阅读文本，更深入地理解文本，便于学生更好地与文本对话，和文章作者对话。学生课前的视频学习并不能替代对文本的阅读。如果学生看了视频之后，更有阅读文本的兴趣和冲动，那么该视频就做成功了。

（3）语文视频教学需具有美感，让学生有艺术般的愉悦和享受。语文学科具有工具性和人文性相统一的特点，语文教学也需突出其工具性和人文性的特点，这在微视频的教学中同样需要体现。因而，语文教学视频要凸显情感性和审美性。课件的设计、教师的讲解等，教师都要用心考虑，凸显其审美品格，让学生学习视频的过程中有艺术般的愉悦和享受。因而，PPT 版面的选择，版面上呈现的图片、文字、符号等不仅要简洁、美观、大方，还要和讲解主题内容和谐一致。教师的讲解不仅要内容准确，结构清楚，普通话标准，还要生动亲切，富有情感。女教师声音悠扬动听，男教师声音浑厚具有磁性等都影响学生学习。因而，杂音噪音干扰、版面不清、字迹不明、普通话不标准等现象，就更不应该出现在语文的教学视频中。广东中山实验小学的吴海飞老师总结得出语文微视频要做到“结构上相对完整，形式上新颖独特，语言上准确生动，效果上过目不忘，艺术上意蕴悠远”，让学生因视频精巧的设计、精炼的话语、精当的讲解而印象深刻，这也说明了同样的道理。

## 25. 数学学科微视频的编制应该注意哪些问题?

每门学科教学微视频的编制,都要把握两个原则:一是符合学科特点的要求,二是符合该年龄段学生的学习特点。比如,就数学学科而言,它是一门特别注重逻辑推理的学科,它强调学生能够用数学的思维方式解决日常生活中遇到的实际问题,发展学生从形象思维到抽象思维的能力,发展学生逻辑思维的能力,并在学习数学学科的过程中,培养学生对数学学科积极的情感态度等。

因而编制数学学科教学微视频时,要根据小学生、初中生、高中生学习的特点,从学生可接受的程度和角度出发,重在理解概念和解决问题的过程中,发展学生的思维能力,展示学生思考的过程,做到"思维可视化"。

当然,所谓"思维可视化"在不同年级其含义也可能是不同的。在小学低年级,"2+3",教师可以用两个蛋糕加三个蛋糕来形象地表示。但到了中学,学生已经具备了一定的抽象思维能力,用数学语言来表达数学的思维过程则可能更为有利。为此,在中学阶段,我们比较欣赏可汗学院视频的风格,即以手写板加录屏软件的方式,教师边讲解、边书写,书写的过程就是展示思考的过程,展示推理的过程。

在录制数学微视频时,切忌以 PPT 的形式同时出现几行数学的运算,这样很容易打乱学生思考的连续性,不利于学生的思考,不利于培养学生的逻辑推理能力,尤其是低年级的教学微视频录制,更不提倡这样做。这也是经常被大家所批评的方面,即现代教育信息技术扼杀了学生思考的主动性、积极性。

## 26. 外语学科微视频的编制应该注意哪些问题?

以英语学科为例,适合微视频编制的内容主要包括:单词识记、语法讲解以及相似词汇、词组或语法的辨析等,其他如阅读指导、写作指导等,也可以尝试。

从编制的形式而言,首先注意适应不同年龄段学生的学习特点,比如小学生和初中生的英语微视频,在讲解词汇或者是语法时,可以多插入一些图片、动画,结合图片的内容来讲解词汇、语法等,这样会更加形象生动,学生学得更轻松愉快。高中生的微视频则相对可以弱化这方面的要求。

其次,有些涉及对话的内容,则可以由两位教师或者一位教师和一位学生共同完成,增加对话的现实感。

第三,对于重点讲解的词汇、语法以及相似点之间的区别,可以用不同颜色的笔将它们标出来,突出显示。

第四,在英语教学视频讲解的过程中,需要学生跟读词汇或短语时,可以提醒学生跟着教师读,这需要教师放慢讲解的语速和节奏。

第五,讲解语法时,可以中英文讲解相结合,尤其是对低年段的学生更是如此,以便于学生更好地理解;讲解词汇或短语的用法时,尽可能全用英语讲解,无需中英结合。

第六,和其他学科的微视频编制要求一样,微视频的呈现,不论是画面背景、板书内容，还是教师讲解，都要清晰、简洁，节奏恰当，视听效果好，尽量避免噪音以及点击鼠标的声音。

最后，对于英语学科而言，教师发音标准，也是一个基本要求。

## 27. 历史学科微视频的编制应该注意哪些问题?

除了和其他学科共性的要求及其问题之外,历史学科微视频的编制还需注意如下几个方面:

(1)适合微视频编制的内容有:历史脉络的梳理,历史事件的呈现,历史史料的提供等。尤其是对于学生不易获得的史料,教师在视频中呈现,则更凸显了视频的功能。如清华大学附中费小建老师在讲《北大——新文化运动的基地》时,视频中呈现的史料,有些是他亲自到国家图书馆查阅资料才获得的。

与此相关,对历史事件与脉络的讲解,由于视频的讲解时间有限,很多资料不可能充分呈现,此时,根据需要给学生提供一些进一步阅读的资料也是很有价值的。郑州外国语学校的林聪老师在讲解《人的价值》这一知识点时,在讲解结束之前,给学生推荐了需要进一步阅读的书目,很值得倡导。视频的学习和资料的查阅两者并不矛盾,可互为补充。尤其,现在网站大都给学生提供了下载各种资料的途径,这对学生学习很有帮助。

(2)与上述内容不同的是,从历史事实(事件)中引发的结论、观点以及对历史事件的分析等,不适合在视频中直接讲解出来。这是需要学生独立思考后的结果,是学生积极思考的产物,教师最好不要以自己的观点代替学生的思考。对这些需要思考的内容,可以在视频中以问题的形式引发学生思考,并让学生展开讨论,也可以到翻转的课堂上,师生,生生一起交流探讨。

(3) 讲解历史事件时,形式也可多元。对于历史遗物如老照片的选择,电视电影历史片中视频的截取等,并配上文字说明以及教师的讲解,能有效增强学生对历史事件的体验。乌鲁木齐第十三中韩芳老师在讲解《左宗棠收复新疆》的视频中,插入了从网络上截取的"清军收复新疆"的视频,现场感强,有利于深化学生对左宗棠收复新疆的认识与体验。

(4) 历史学科的视频中,发现不少教师使用的 PPT 的界面,也颇富有历史感,风格较为古朴,颜色略为晦暗,具有一定的历史沧桑感。在讲述一些沉重的历史故事时,这并无不妥。但在讲述其他历史事实时,我们以为大可不必如此,这样的 PPT 界面,学生看起来不够清晰,有些吃力。还是采用简洁、单色的底版作 PPT 背景为好,这样可能与微视频的主题更为匹配,同时也可以更凸现 PPT 上要呈现的文字和图片。

中国历史既有令人振奋的记录,也有令人沉重的一面。把握着"一振"与"一沉"的分寸十分重要,这不仅要表现在史料的选择上,而且要表现在呈现的形式上。

## 28. 地理学科微视频的编制应该注意哪些问题？

这里首先要明确地理学科用微视频教学的优势，对于自然地理而言，微视频可以让抽象的概念形象化。比如等高线地形图的判定、季风的形成、冷暖气流的活动、经线与纬线等内容，对于初学者来说，非常抽象，通过微视频则可以较为形象生动地将之展示出来。与此相关，微视频可以让宏大宇宙中发生的现象，以缩小的形式呈现出来。以上地理现象，包括洋流成因、地壳构造、板块运动等，这些在现实中很难全面接触到的景观或现象，使用微视频就可以将之完整地呈现出来。这些都是微视频教学地理学科的优势。

对于人文地理而言，清晰的图片、精致的视频，便于增强学生对各地风土人情的认识与了解。

因而，地理学科微视频录制时，有和其他学科的共性要求：如目标明确、节奏适中、生动活泼等。还有一些特殊的要求，如所呈现的图片要清晰，动画展示要清楚，要便于学生理解，强化学生的体验。与此同时，知识点讲解清楚，分析到位，对于自然地理学科的教学尤为如此。

最后，建议学科教师可以多参考美国国家地理频道推出的各期节目，其清晰的视频，生动形象的讲解，吸引了不少观众。

## 29. 音乐、体育、美术学科能编制微视频吗?

音乐、体育、美术学科能编制出优秀的微视频吗?这是不少学科教师的疑惑。我们的回答是:当然可以。事实上,一些一线教师已经创造出了一批深受学生欢迎的作品。音乐、体育、美术、书法以及劳动技术课,这些学科的学习需要在理解的基础上进行更多的练习和实践,教学具有演示和讲解相结合的特点。因而,在录制教学微视频时,可以使用录屏式和拍摄式相结合的方式,教师一边讲解,一边进行技能演示。讲解知识点和相关要求时,可以采用录屏式,由PPT呈现相关知识点;而在进行技能或动作演示时,可以切换成拍摄式,拍摄工具对着教师演示的动作。一般而言,这些学科,一位教师会同时教授好几个班级,微视频的录制可减少教师重复讲解的负担。

学生在观看微视频的基础上,课堂中可以进行更多的操作练习,教师更有针对性地进行指导和矫正。尤其是操作技能的演示,录制成微视频,学生看不明白的地方可以暂停、后退、反复播放。这是教师在课堂内演示所不具备的优势,有时课堂内的演示,只有少数学生可以看得清楚,而其他学生看不到,观看微视频就不存在这个问题,每个学生都可以很清楚地看到。

至于视频中录制教师技能演示时,是否需要出现教师本人形象的问题,一般而言,我们不主张出现教师本人的形象,因为那样容易分散学生注意力,而应更多地拍摄动作技能本身。可是实践中,也不能一概而论，有时很难避免完全不出现教师本人的形象，因而出现了教师本人形象也未尝不可，只需记住拍摄的重点是动作演示，而不是教师本人形象即可。

## 30. 因为有新鲜感，微视频往往只在短时间内对学生有较大的吸引力，一旦这一吸引力减弱了，教师该怎么办?

这个问题就像我们的孩子天天上课会厌烦，天天做作业也会不愿意。现在我们的微视频更有亲和力，更适合儿童特点，从这个意义上讲，微视频和学生的认知、情绪、爱好契合得更好。所谓的厌烦的问题在传统课堂更严重，实践证明：微视频是解决这个问题最好的方法。学生回家看视频、自主学习，在课堂上做作业、讨论问题。这一方面要提高微视频讲解的质量、趣味性，吸引学生学习的兴趣；另一方面，尤其是低年级学生在家里观看微视频时，最好有家长的支持和帮助。

同时，为了确保学生在课前看微视频，每个微视频播放完毕后，教师都设计些作业题目让学生完成，叫做进阶作业。教师可以通过检查作业完成的情况，来判断学生是否掌握了微视频的内容；也可以让学生写出对微视频内容的摘要或评论，或者对微视频讲解的内容提出问题，以检测学生学习的情况。并且把观看微视频学习和作业完成的情况，作为学业最后总评价的组成部分。加强过程评价，以此保障学生课前观看微视频的效果。

其实，作为“数字化时代的原住民”，今天的中小学学生对数字化技术有着天然的亲近感。如果他们厌恶某些视频的话，往往是因为这些视频根本没有考虑他们的情感与认知发展的特点，如果这样的表现形式出现在纸质教材中的话，可能会遇到更糟糕的结果。

教育是一项合目的与合规律相统一的活动。为顺利地实现教育

小学生在家长的帮助下学习教学微视频

目标，我们必须研究学生的情感与发展的规律，让学生喜欢，这才是解决问题最根本的办法。

# 第三部分

# 进阶作业与诊断性测验

## 31. 学生在慕课学习中为什么要有进阶作业?

翻转课堂一定会带来考试评价的变革,这是确定无疑的。从教育评价学的角度来看,教学中的评价大体涉及四种类型:定位性评价、形成性评价、总结性评价与诊断性评价。

定位性评价是确定学生教学起点的评价。

形成性评价是在教学过程中进行的评价。

总结性评价是在一阶段结束后,确定学生达到教学目标程度的评价。

诊断性评价既可在形成性评价后,也可在总结性评价后进行,往往与补救性教学联系在一起。根据诊断性评价发现的问题,教师将会根据这些信息及时地给学生提供有针对性的帮助。

美国学者布朗(Brown F. G.)早在 20 世纪 80 年代就把它们之间的关系用如下的图所示出来:①

在可汗学院,教师在指导学生观看微视频之前,都要先让学生做一些试题,这一测验被称为"前测",事实上它就是"定位性评价",这一测验的目的就是确定学生教学起点,以便决定让学生从哪些视频看起。

"进阶作业"事实上就是"形成性评价",其目的在于确证学生已经掌握了哪些知识,还未掌握哪些知识,以便教师能针对学生存在的

① Federick G B. Measuring Classroom Achievement [M]. Starnford: Thomas Learing, 1981.

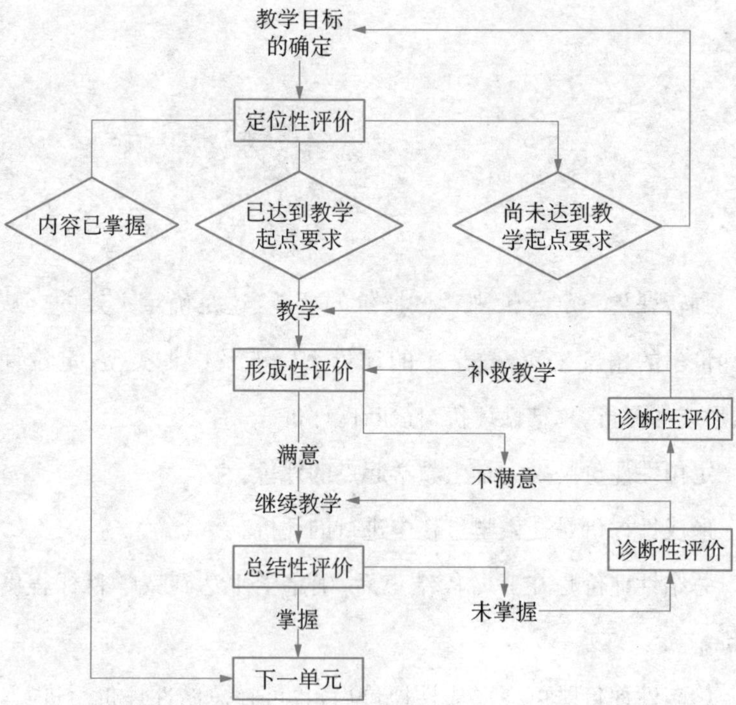


问题，采取必要的补救教学的举措。

总结性评价当然是在教学过程之后进行的评价，其主要目的在于对学生达到教学目标的程度做出判断。

由上图可知，无论是形成性评价，还是总结性评价，在它们之后的诊断性评价是十分重要的。确切地了解学生存在的问题以及问题背后的原因，对帮助学生的成长以及教学改进都具有重要意义。所以，在推进慕课加翻转课堂教学模式的过程中，我们把诊断性评价放在重要位置上，试图以此为学生个体与学校群体提供提升教育质量的专业服务。现代大数据为此提供了技术上的可能。

诊断性评价是慕课加翻转课堂教学模式的一个至关重要的环节，在这一环节中，教师始终要让学生感觉你是在帮助他，而不是监督他。打个比方，我们去看病，我们会把所有不舒服的地方都告诉医生，让医生对症下药。而嫌犯在法庭上面对法官，这个时候他的第一选择是保护自己，不让法官知道自己究竟做了什么。现在我们的考试就是一种“法官模式”，学生都要保护自己，尽量不让缺点和不足暴露出来，但在在线学习的情况下，人们几乎没办法监控学生是自己做作业还是别人帮助做作业，是独立完成作业还是通过网络搜索作业。为此，我们强调，在教学过程中的评价应该从“法官模式”转为“医生模式”，以激发学生把不足的地方都呈现出来。我们希望每个学生都能更好地成长，大数据平台可以分析学生的很多问题，尤其是他们在学习过程中暴露出的问题。诊断性测试就是这样来的。

如果说变革评价模式会变成什么样，我们通过布置进阶作业，同时了解学生每天的感受，可以找到学生群体性的问题，个别学生的问题，他们的优势在哪里，弱点在哪里，以及富裕家庭和贫穷家庭学生的问题。发现这些问题以后，我们会提供给学校。在大数据的支撑下，判断会更准确。以后的考核都是有针对性的，是解决问题的。学生的思维方式不一样，有的学生适合用感性模式思考，有的适合用理性模式思考。一个班级可以有两种不同的学习方式，甚至还可以有三种、四种学习方式。

## 32. 进阶作业应当如何设计?

进阶作业是为了检测学生知识学习情况的题目。在教师的引导和指导下,学生在学了教学微视频和其他资料的基础上,为了检测学生自学的情况,教师会出几道检测性的作业题,让学生完成。进阶作业是学生复习、检验与巩固所学知识的基本方法;是学生在运用所学知识解决实际问题的过程中提升自己心智水平的重要手段;也是教师了解学生学习状况的基本途径。翻转后的课堂教学设计,就是基于学生学习情况和进阶作业完成情况来进行的。理科的进阶作业一般是以客观题如选择题、填空题、解答题的形式出现的。而社会科学、人文科学的进阶作业有时是以问答题或是让学生写总结、反思或提问题的形式出现的。

不幸的是,在大班额的情况下,如果不借助于信息技术,教师不胜批改学生作业的巨大负担。数字技术,尤其是大数据技术在解决这些问题方面具有极大优势,学习平台和相关统计分析软件可以自动批改与统计客观性作业的完成情况。这为减轻教师工作负担,方便教师把握学情提供重要帮助。

进阶作业的设计主要把握几点:

第一,进阶作业应紧紧围绕所学内容,包括视频的学习以及其他材料的课前学习。对于理科而言,主要是为了检测学生对知识点是否已经理解;对于文科而言,可以检测学生词汇识记的情况,也可以让学生写出对文本的感悟、判断与评价,甚至围绕文本提出问题。

第二，进阶作业的设计，无需过难，主要是为了检测学生对所学内容的基本理解和把握。学生完成时，无需花费太多时间，否则就有加重课前学习负担之嫌。

第三，进阶作业要体现出知识的相关性与层次性。我们知道，微视频是以知识点、碎片化的形式出现的。然而，学习“循序渐进”的规律决定：学生对前面的知识没有牢固掌握，就会对后续知识学习带来困难。比如，两个三角形全等的证明是以学生对三角形的基本性质充分理解的基础上才能游刃有余地加以解决的。一学生未能顺利地证明两三角形的全等，究竟是学生未能掌握三角形全等的判断定理，还是他根本就未能掌握三角形的基本性质，这就需要作业的设计者在安排进阶作业时加以注意。

当然，由于有了现代大数据的挖掘技术，教师有可能就不再需要在一特定的进阶作业单元中体现知识的相关性与层次性，因为，过多地考虑这些问题就有可能增加进阶作业的分量，增加学生的作业负担。但是，教师在对一个知识单元进行总体设计的时候，这就是不能不考虑的重要问题了。

## 33. 二次备课是否会加重教师的负担?

一般而言,在学生学习微视频的基础上,翻转课堂的教学需要教师进行事前的“二次备课”。“二次备课”基于“学情分析”,它是在学生完成进阶作业后,教师对学生群体与个体全面了解的基础上,为更有针对性地组织翻转课堂而开展的活动,它对提升翻转课堂的教学质量有重要意义。既然在学生视频学习与翻转课堂之间加上了“二次备课”这一环节,有些教师就担心“二次备课”是否会加重教师的负担。

事实表明:任何教育改革如果以教师额外的付出或以加重教师的负担为代价,可以肯定地说是不会持久的。据华东师范大学慕课中心的一项研究表明,我国中小学教师的课时量相较于国外与境外的教师并不大。但是,我国内地教师花费在批改作业、写教案以及其他杂事方面的时间远远超过其他国家与地区的老师所花费的时间。这些日复一日、年复一年的繁琐、枯燥且毫无创意的工作使教师身心倍感疲惫。

所谓“二次备课”是在现代数字技术基础上的备课。如果说“一次备课”更多地是“备教材”,即教师需要充分考虑课前学生需要学习的内容和重点,课中需要教学的内容和重点。“二次备课”显然就是“备学生”,教师在课前就需要知道就这些知识内容而言,学生课前掌握到了什么程度,遇到了什么问题与障碍等。在过去,“二次备课”是一个非常困难的问题,需要耗费教师大量的时间和精力。在这一新的时代，借助于现代数字化技术，云教学平台可以为教师提供全面且精致的学情分析。诸如在学生学习的某一方面，学生存在什么困难，有哪些学生存在困难，这些困难主要表现为哪些方面等。现代教学平台都会为教师提供详细的资料，这就把教师从那些无聊的工作中解放出来，把更多的时间用于研究学生认知与身心发展的各种特点，发挥自己在教学中的想象力与创造力，教师也会从中感受到自身的人生意义与价值。这是翻转课堂对教师最大的意义。

在这一意义上，我们说：借助信息技术的学情分析和二次备课是把教师从体力劳动中解放出来的重要手段，使教师有更多精力关注学生学情的变化，它使教师的价值能得到更大程度的实现。在此基础上，教师才有可能实现在课堂中提升学生高级思维能力的目标。

## 34. 慕课如何实现过程评价与结果评价的结合?

将对学生学习过程的评价与学习结果的评价结合起来是教育工作者多年来的追求。从认知心理学的观点来看,没有对学生认知过程的理解,事实上是无法完整地解释学生认知结果的。注重对学生认知过程的诊断最初是由欧美国家提出来的。不过,据我们所知,到今天为止,欧美并没有任何一个国家真正实现对学生的过程评价。

其原因非常简单:过程评价是一件非常奢侈的事情。在缺乏云服务与信息化的条件下,过程评价需要保留学生大量的各类的学习资料,需要有教师对这些资料进行深入细致的分析。这都是需要巨大投入的。但如今,在信息化的支持下,这一切都变得十分简单了。把学生学习的过程与结果结合起来,给学生提供适切的帮助,这已经成为了现实。

这里特别需要强调的是:教育教学的过程评价应当是低利害的,也就是说,它主要的目标是诊断学生身心发展过程中的问题。如果把过程评价转化成高利害的,比如,用它来划分学生的等第,用它来决定是否能推荐学生上较好一些的上一级学校,"失真"将成为必然的现象。

# 第四部分

## 可汗和可汗学院①

① 萨尔曼·可汗. 翻转课堂的可汗学院——互联时代的教育革命[M]. 刘婧，译. 杭州：浙江人民出版社，2014 年.

## 35. 可汗学院的视频有何特点？主要优势和不足有哪些？

在这一轮的慕课浪潮中，无论是高等教育还是基础教育领域，绕不开的一个人物就是萨尔曼·可汗(Salman Khan)。几位慕课平台的领导者都承认，慕课界最具影响力的人当属萨尔曼·可汗。在历数慕课的起源时，Edx的总裁阿南·阿加瓦尔(Anant Agarwal)首推可汗和他的可汗学院(Khan Academy)①。说起可汗这个人物对教育的影响，不得不感慨：伟大的变革有时的确是始于偶然。

可汗是一个怎样的人物？他做这件事有怎样的起因和背景？他是如何看待现有的教育体系和在线教育的？他对未来教育有何设想？我想很多老师和我们一样也很想弄个明白。

我们知道，可汗做教学视频，起源于2004年时给表妹远程辅导功课的需要。为了给12岁的表妹远程辅导"单位换算"的概念，他们专门买了价格低廉的手写平板，在雅虎涂鸦的程序下操作，以便看到对方在电脑上涂写的内容。在这个过程中，他们通过电话进行口头交流，在辅导的第一周，效果很差，两个人都感到很痛苦。可汗和表妹纳迪亚在电话中交流。可汗在电话的一端，表妹在电话的另一端。可汗问了她一个问题，她沉默了，沉默了很久，可汗以为电话或者是网络断线了。终于，她颤抖地回答"1 000?"。

"纳迪亚，你是在猜答案?"

① 彼得·海伊．可汗学院创始人萨尔曼·可汗：改变教育的人[EB/OL]．(2014-02-19) http://mooc.guokr.com/post/610627.

“100?”

这就是问题的症结。这让两个人都感到很痛苦。

相信作为家长或者是老师的我们都有所感触。每当老师(可汗)提出问题,总是希望学生立刻给出答案,而这一过程无疑给学生带来很大压力,因为学生不想让老师失望。可汗的表妹也是如此。有时,学生和老师交流,或者学生告诉老师自己理解了什么,还有哪些内容不理解等,似乎是一件很为难的事情。

于是,可汗更换了一个辅导策略,“纳迪亚,我知道你很聪明,我并不是在评判你。你不可以猜答案,也不可以用空泛的答案来敷衍我。如果不懂,你可以要求我再重新讲一遍。我也不要求你一次听懂。我也不会因为你让我再讲一遍或者问问题,就瞧不起你。”在这样的辅导策略下,辅导过程变得顺利起来,辅导的效果得以改善。接着,可汗开始辅导他其他的表弟和表妹。在辅导的任务变得越来越重的情况下,朋友建议他:“为什么不将自己的课程录制下来并发布到 YouTube 上呢? 这样每个学生都可以按照自己的时间计划观看视频。”

可汗采纳了这一建议。2006 年,可汗学院正式成立。截至 2015 年 8 月 31 日,可汗学院从最初只有员工可汗一人发展到了 80 名全职员工,还有超过百余名兼职员工、志愿者和实习生。网上课程也从原有的数学扩展到科学、经济与金融、艺术和人文、历史与社会以及计算科学等各个门类,可汗学院的注册学习人数达到 28 785 135 人。

可汗学院之所以吸引了这么多的人来学习,这和他们优质的视频和良好的在线学习体验密不可分。可汗学院的视频和视频学习的特点主要有如下几点:

(1) 朴实无华,内容为主。可汗学院的视频没有华丽的背景,没有优美的背景音乐，就采用"在黑板上书写的方式"，偶尔也会呈现一些图片，老师边讲边写，不同的内容用不同颜色的笔书写和标示。这样的设计和可汗的性格和品位有一定关系，追求简单。但其主要目的，还在于突出学习内容，做到"内容为主"，在内容讲解的过程中，唤起学生对学习的热情，让他们重拾学习的乐趣或是让他们产生悬念，让他们将知识的追寻视为一种寻宝游戏，让学生带着问题去思考。

可汗学院的视频，教师"不出脸"，是为了不分散学生学习的注意力，是为了让学生把精力集中在视频所讲的内容上。因为人类会不由自主地把注意力集中在他人的面部，这是一种与生俱来的习惯。视频中教师不出脸，能让学生更好地理解知识。到了课堂上，师生可以有更多人性化的交流、讨论和分享。因而视频上学习知识，课堂上互动交流，二者相辅相成。

(2) 情感投入，与学生交流。可汗学院的视频讲解，体现了他们辅导学生的风格。在辅导过程中，需要双方情感上的沟通。如可汗所言，作为老师，你不应该单方面传授知识，而是与学生交流。"我想让我的学生感到自己仿佛与我在厨房的餐桌并肩而坐，共同解决学业上的问题，而不希望自己变成黑板前的一台讲课机器，拉远和学生的距离。"可汗希望，学生学习视频时，能处在一个安全、私人、舒适且能够引发思考的环境氛围中。作为视频讲解的老师，能够真正地和学生分享思考的过程，并能在交流中传递知识，就好像面对的人与我一样聪明，只不过还没有完全理解手中的教材罢了。

(3) 自主学习，完全掌握。对于传统学校课堂教学模式下齐步走的教学节奏，学生被动学习，体会不到学习的乐趣，甚至备受打击和折磨。可汗认为，通过科技可以为学生创造一个积极愉悦的学习环境。可汗希望在视频学习的过程中，学生积极地参与学习的过程，享受学习带来的自然的兴奋。如他所言，不管是8岁孩子，还是80岁老人，作为学生的他们每次在点开一个新的教学视频时，就像是开启了一段属于自己的探索历程。学生可以按照自己的节奏应对学习中的挑战，即便是速度慢了些，学生也不会受到他人的嘲笑和指责，不会因为跟不上进度而担惊受怕。

在线学习视频的过程中，在软件系统的帮助下，针对知识地图上的知识内容，师生很容易知道学生是否掌握了每个知识点，如果没有掌握，就进一步学习，并参加网上测试，直到完全掌握。然后再继续进行下一个概念的学习，以此确保学生对基本知识的全部掌握。

当然，也有人指出可汗学院的视频讲解缺乏趣味性，不够形象生动，呈现形式过于单调等不足。

## 36. 可汗和可汗学院在翻转课堂教学方面有何观点？有哪些实践？取得了怎样的效果？

我们知道，可汗是从2004年开始制作教学微视频，给学生提供网上学习的资源的。而翻转课堂最初开始于2005—2006年的美国林地公园高中。这个在线教育的先生，是如何看待翻转课堂这种教学模式的呢？

在《科技创业》对萨尔曼·可汗的访谈中，可汗说道："在某个层面上我们是一家网站，但我们也已经进入到了一个更为宽泛的讨论中——'教室是什么？如何最好地利用教室？'我所阐述的内容，有一半并不是关于可汗学院的，而是一个总体的想法，那就是不该再有人在教室里讲课。我们的想法是让讲课退出教室这个舞台，这样当人们聚集在课堂上时，他们可以来解决问题。"①很显然，可汗非常赞同翻转课堂的教学模式，他认为，传统教育模式主要是老师讲，学生回家做作业。学生在家做作业时，老师不能在身旁答疑解惑，还不如学生在家学习新知，到课堂上去做作业，这也是翻转课堂。他还以"翻转课堂，为创造力腾出时间"作为其专著《翻转课堂的可汗学院》一个章节的标题，专门论述了翻转课堂教学对发展学生创造力的价值。

在实践层面，可汗和可汗学院应加州洛斯阿尔托斯区的要求，于2010年底，在一个学校的五年级和七年级开展可汗学院视频教程实验。实验的方案按可汗设计的路径展开，传统的课堂是白天学生在

① 萨尔曼·可汗访谈：让一流教育无处不在[EB/OL](2013-01-21)http://www.chinacloud.com/yunzixun/yunjisuanxinwen/20130121_17452.html.

教室听教师讲课,晚上学生在家完成作业和练习。可汗的课堂则是晚上学生在家面对视频自主学习,白天学生在教室做练习,教师辅导有困难的学生,老师们通过软件监控学生们的学习状况。

结果显示,在实验的班级,学生学习活力显著提高,在理解概念的过程中变得更加主动,并且开始自发帮助其他同学。"可汗学院给课堂带来了活力、魔力以及具有加州特色的教育模式。"学生的学业成绩也取得了惊人的进步,尤其是七年级的学生,与一年前相比,他们的平均分提高了 106%。从七年级顺利毕业的学生数增长到原来的 2 倍。一年后,实验在整个洛斯阿尔托斯区实行。参与实验的学生学习动力明显增强,学习更加主动,学生的考试成绩平均提高了 10%—40%。[①]

**"我们认为,可汗学院的教学方法从根本上改变了学生的性格,让那些原来对自己的学业漠不关心的学生突然开始为自己承担责任,让曾经懒散懈怠的学生变得刻苦努力。"**

---

① 萨尔曼·可汗.翻转课堂的可汗学院——互联时代的教育革命[M].刘婧,译.杭州:浙江人民出版社,2014:127—129.

## 37. 可汗是如何认识学生学习和学校教育教学制度的？

可汗认为，当前的课堂教学制度起源于300多年前普鲁士的教育制度。它在当时发挥过不少的作用，但是在今天却显示出了很多的弊端，最为主要的弊端就是统一的教学节奏不能适应学生个性化学习的需要。老师讲、学生听的教学方式，让学生学习比较被动。40分钟一节课的模式，学生的思维不断被打断。时间一到，不管学生是否理解了内容，师生都将被迫进行另一个专题的学习。“不管班级的规模大小，老师都会在规定的时间进入下一部分的学习内容。问题的症结就在这里，假如给予他们足够的时间，所有学生都能完全掌握知识。”

仔细阅读《翻转课堂的可汗学院》一书，我们认为，关于知识、关于学生学习，可汗有如下几个重要观点：

(1) 世界是综合的，知识是相互联系的。人类社会和生活的世界是一个整体，每个问题的解决需要多方面的知识来完成。由于人们认识能力的有限，才从数学、物理、化学、历史等角度来认识复杂的人类社会生活。

而标准化的课堂教学模式将原本相互关联的知识人为地分割，遗传学被归入了生物课，而概率这一概念被归入了数学教育，然而遗传学是对概率的运用。同样，物理明明需要代数和微积分，但它却与这两门课相脱节，成了独立的学科。这些划分限制了学生的想象和理解。

可汗认为，应该改变这种过分细化的分科教学方式，一门课程的学习也永远没有完结的时候，任何一个概念都可能与另一个概念有关。知识似青山连绵不息，思想如河水奔流不止。知识与知识之间应该是呈网状结构相联系的，而不是直线结构，学生在接受教育过程中所使用的思维方式和走过的路线都是不同的。

(2) 学生是独特的，学习是个性化的。每个学生都是一个独特的个体，其天赋、优势智能等都是不同的，学习方式、学习快慢都不一样，因而学生的学习是个性化的。只要教学条件满足学生学习的需要，每个学生都能掌握知识。课程教学的进度应按照每个学生的不同需求来制定，而不是人为规定一个统一的进度。那么每节课的时间不是按照时间来划分的，而是根据理解程度和成绩来确定的。

在传统的教学模式下，时间是一个常量，掌握是一个变量。其实，教育的过程应该是学生对知识的掌握是一个常量，而为此所需花费的时间是变量。

(3) 学习是循序渐进的，需要个人负责的。学生如果想要掌握更高难度的知识，就必须深入理解最为基本的概念。如果学生对基础的、简单的概念没有深入的理解，在学习更为复杂的概念时，也是不可能理解的，并且学生在这个过程中也会产生很大的挫败感。

而现实的情况是，任何人都不可能一次掌握每一部分的学习内容。不管一个学生多么聪明，都会在学习过程中遇到困难，都会不理解或错误地理解某个知识点。如何弥补学习中的这种“缺口”？就需要学生回过头去再学习一遍，直到理解为止。在传统的教育模式下，一方面教师很难发现学生这种知识的“缺口”，即使发现了，也很难做到个性化的辅导。

可汗认为传统意义上的 75 分或者是 80 分作为及格分的规定也

是有风险的。学生在一次数学测试中得了75分或者是80分，老师满意，学生也算开心。但是这里隐藏着很大的风险，这意味着在这一阶段学生有25%的知识点没有掌握，那么学生在后续的学习中，如果遇到的知识点和这25%有关，很显然学生是学不会的。逐渐积累后，学生必定会有越来越多的知识学不会，有可能因此成为“差生”，厌恶学习。即使学生得了95分，看来是很优秀了，也存在这个风险，即5%的知识没有掌握，学生在后续的学习中遇到和这5%的知识有关的内容时，注定是学不会的。

所以，学习的过程中，应该对每个概念都做到精熟掌握。那么借助于互联网和计算机进行随时随地和自主地学习，会让这种掌握知识的方式变得更加便捷。在网络背景下，黑板上的内容永远不会被擦去，教师随时在你身边。

可汗认为，在学习的过程中，学生应该为自己的学习负责任。只有学生真正承担起了责任，才能真正地进入学习的过程。在传统的教学模式下，学什么、怎么学、学到什么程度，都是被规定好、安排好了的。学生没有选择权，没有主动权，因此对学习就不承担责任，因此学生对学习结果也不负责任。可汗认为，学习应是主动的，只有学生决定投身于学习，才有可能集中注意力学习。

(4) 技术是可以帮助教学的。可汗认为，在教育问题上，我们应更多采用新技术，而不是担心新技术会给我们带来负面影响。如果灵活、细心地采用新技术，网络课程就能够让教师做“教”的工作，课堂会变成一个互动互助的工作室，而非一个教师说学生被动听的地方。他认为，利用技术能够帮助学生加深对知识的理解，让学生利用更便捷的工具获得高质量的教育，技术能够提升教师的状态并鼓舞其斗志，让他们从繁重的工作中解脱，利用更多的时间为学生提供帮助。

当然,只在教室里摆放一堆电脑、挂上几块电子白板是远远不够的。应将技术融入教学过程之中,但如果这样的融合缺乏实际意义或者想象力,那么教室中的科技手段也只能沦为昂贵的宣传摆设。

## 38. 可汗对于未来教育和未来学校，是如何预测的？

(1) 关于未来的学习。可汗认为，未来是个变化的社会，因而学生需要学习的是学习的方法、学会学习的能力。在知识的学习中，学生需要学习各学科的基本概念，以及各概念之间的相互关联。只有深入理解了各个概念以及各个概念之间的相互关联，才能为未来持续学习奠定基础。这个学习过程在信息技术如视频课程和反馈软件的帮助下会完成得更好。

(2) 关于未来的学校。可汗设想，学生每天利用 1—2 个小时的时间自主学习基本概念和基础知识，剩下的 5—7 个小时的时间，学生可以独立思考和做事，并能随时获得老师的帮助，如学生可以开展个人或团体的创新项目，如创作诗歌、编写计算机代码、拍摄电影、制作机器人或者是开展与物理或数学有关的小实验。需要注意的是，学生在学习一个主题时，不应被人为打断，而应有足够的时间自主思考和探究。所以，课堂不应该被规定为 40 或 50 分钟一节课，学生可以根据自己的节奏进行调整。

(3) 关于未来的课堂。可汗认为，它应该更像一个蜂巢，而不是一个小课堂。在教师的指导或帮助下，需要安静的学生可以找到安静的空间学习和思考，但大部分空间都将被用来让学生们做游戏，从而锻炼他们的合作能力。一个课堂内坐着年龄不同的 100 位学生，由 3、4 名教师合作管理和教学。对于一个专题(项目)的学习，有的学生比如 1/5 的学生在教室的某个角落借助个人智能终端通过视频学习基本概念，有的学生小组在进行实验，有的学生小组在动手操作，有的学生小组在热烈地交谈。每个学生按照最适合自己的方式来学习。这样的课堂看起来有些“乱”？是的，这就是可汗心中的理想课堂。

（4）关于未来的教师。可汗期望，教师能够更加像教练一样帮助和指导学生，让学生在原有的基础上一点点进步，而不是不断地给学生贴标签，告诉学生你不行。

# 第五部分

# 翻转课堂的兴起

## 39. 什么是翻转课堂?

什么是翻转课堂?"翻转课堂"是从英语"Flipped Classroom"翻译而来的。网上维基百科曾给翻转课堂下了这么一个定义:翻转课堂是指一种教师创建学习视频,学生在家中或课外观看,回到课堂师生面对面交流和完成作业的教学形态。其实,翻转课堂有很多名称,在我国也有很多不同翻译,诸如:反转课堂、颠倒课堂、反转学习等等。不管怎么翻译,包含的意思大体一样,指在正式学习中,学生在课前自主学习老师编辑或指定的学习材料,如微视频、教材、进阶作业等,然后在课堂上师生一起,通过充分的互动活动,如答疑、解惑、练习、探究等,掌握所学内容,完成整个教学过程。虽然目前对翻转课堂的定义还很难说是最科学准确的,但作为一种新型的教学形式,它到底对目前的教育教学制度带来哪些变化和影响,值得引起我们的高度关注。

为了更多地了解翻转课堂,我们查看了美国华盛顿大学教与学中心网站(Center for Teaching & Learning, University of Washington)对翻转课堂的解释,觉得还是很有启发的。关于翻转课堂与传统课堂的区别,该网站作了一幅非常形象的图(见下图)。

它的意思是，传统的教学，上课老师讲课，学生回家做作业；翻转的教学，学生回家看视频，上课进行各种活动。谈到什么是翻转课堂时，该网站介绍，翻转课堂是一种更关注于怎么教而不是教什么的学习方法。采用这样一种方法，课堂上更重视的是对学习内容的探究、应用和评价，以满足不同个体的学生的需要。学生通过课外阅读、看视频、做研究，自己控制学习进程。在课堂上，教师则成为学习过程的促进者，帮助解决学生个别的或小组的问题。事实上，每一个选择这种方法的教师做法也不尽相同。

为什么要"翻转"？网站文章认为，这种方法既没有否定讲授的价值，同时又焕发出一种无比珍贵的、充满主动学习策略的互动课堂。翻转课堂的目的，是通过教师的指引和辅导，使学生获得一种更深刻、更丰富的活动体验。在翻转的课堂上，更注重高层次思维能力的培养和解决复杂问题的能力，此外还包括合作学习、案例分析教学、同伴互助教学、问题设计等等。为了使读者更好地全面地了解翻转课堂，网站还列举了大量相关介绍和研究文章的目录索引，感兴趣的读者也可直接登录该网站查询。

## 40. 翻转课堂最初是怎么兴起的?

翻转课堂的兴起,可以追溯到2007年。当时,美国科罗拉多州落基山有一所山区学校——林地公园中学(Woodland Park High School),有两位教化学的资深理科老师,一位叫乔纳森·伯格曼(Jon Bergmann),另一位叫亚伦·萨姆斯(Aaron Sams),他们大胆实验,开始了一种全新的教学方法,就是现在我们所说的翻转课堂。这所学校地处山区,交通不便,经常有学生因种种原因错过正常的学习活动,很多时间都花费在往返学校的巴士上,导致缺课而跟不上学习进度。两位老师教书多年,他们常常想,怎样才能让学生不缺课,跟上教学进度。于是他们使用屏幕捕捉软件录制PowerPoint演示文稿,结合实时讲解,做成一个个聚焦于知识点讲解的教学视频,录制好后将视频上传到网络,帮上课缺席的学生补课。渐渐地,他们发现,这样的教学形式很受学生欢迎,这些视频不但缺课的学生看,不缺课的学生也爱看。由于很多学生在每天晚上18时至22时之间下载教学视频,以至于学校的视频服务器在这个时段经常崩溃。不但如此,两位教师的教学形式也发生了改变,由于课前看了视频,课堂上不需要大量的系统讲解,可以节省出更多的课堂时间,为学习中有困难的学生提供帮助。就这样实验了一段时间后,他们感到,学生在这样的学习环境中,效果比传统课堂好,考试成绩也有明显的提高,家长也很认可这种学习方式,于是他们把自己的这种教学方式称为"翻转课堂"。为什么叫"翻转"?现在的课堂是老师上课系统讲授,课后或回家做作业。他们的教学方式恰恰相反，先让学生看视频，学习新知，而且是在家里看，回到课堂上来练习、做作业，这样正好把我们现在的学习过程翻了个，所以叫翻转课堂。这两位老师很有体会，他们说："翻转课堂已经改变了我们的教学实践，我们再也不会在学生面前花费 30—60 分钟来讲解，可能再也回不到传统的教学方式了。"两位老师的教学实验后来在美国引起很大关注，很多学校把他们邀请去介绍经验，他们的讲座遍布北美。受他们的启发，很多教师开始利用在线视频在课外教授学生，回到课堂则进行协作学习和概念掌握的练习。就这样，翻转课堂作为一种新型的教学模式逐渐在美国传播开来。两位老师之一的乔纳森曾因为出色的课堂教学获得美国"数学和科学教学卓越总统奖"，而另一位老师亚伦则因为翻转课堂也获得了同一奖项。

## 41. 翻转课堂的初创者如何看待并实施他们的翻转课堂?

翻转课堂的教学形式出现后，也遭遇到了各种疑问，对此，翻转课堂的初创者美国科罗拉多州林地公园中学教师乔纳森·伯尔曼和亚伦·萨姆斯也在不同场合论述了翻转课堂的含义。首先，针对种种误解，他们回答了什么不是翻转课堂：①

(1) 翻转课堂不是在线视频的代名词。翻转课堂除了教学视频外，还有课堂中师生面对面的互动，和发生在课堂上的有意义的学习活动。

(2) 翻转课堂不是要以视频取代教师。

(3) 翻转课堂不是在线课程。

(4) 翻转课堂不是学生无序学习。

(5) 不是让整个班的学生都盯着电脑屏幕。

(6) 不是学生在孤立地学习。

那么，翻转课堂到底是什么？他们的回答是：

(1) 翻转课堂是一种手段，增加师生之间的互动和个性化的接触时间。

(2) 翻转课堂是创建一种让学生对自己学习负责的环境。

(3) 在翻转课堂的教学环境下，老师成了学生身边的“教练”，而不是讲台上的“圣人”。

---

① 乔纳森·伯尔曼·翻转课堂是什么不是什么[EB/OL]. http://www.zhixing123.cn/lilun/42823.html.

(4) 翻转课堂是直接讲解与建构主义学习相结合的学习方式。

(5) 翻转课堂是学生即便缺席,也不会被甩在后面的课堂。

(6) 翻转课堂是课堂的内容可以得到永久存档,是既可用于复习或补课,也可用于预习的课堂。

(7) 翻转课堂是所有的学生都积极学习的课堂。

(8) 翻转课堂是让所有学生都能得到个性化教育的课堂。

翻转课堂如何实施?根据乔纳森·伯尔曼和亚伦·萨姆斯的经验,主要分成两大步骤:首先,教师创建教学视频,学生在家观看;其次,组织课堂教学活动,课堂上留出更多时间,通过互动、分享学习收获、探究活动等,将学生通过视频所学习的内容应用于实际练习,并巩固提高。2012 年 1 月 30 日,林地公园高中还举办了翻转课堂开放日(open day),让更多的教育工作者来观摩翻转课堂的运作情况和学生的学习状态。就这样,作为一种信息技术时代所特有的新型教学形式,翻转课堂在美国逐步被教育界所接受和认可。

## 42. 在国外，从事翻转课堂教学的学校是薄弱学校比较多？还是知名学校比较多？

翻转课堂之所以引起全球的关注，首先是因为这种教学模式比较显著地改善了几所薄弱学校的教学质量，改善了学校内学生的纪律表现，比如美国的拜伦中学、克林顿戴尔中学等，翻转课堂教学模式大幅度提升了学生的学业成绩，有效改善了“问题学生”的行为表现。随着这种教学理念和教学模式逐渐为人所知，越来越多的世界著名中学也在实施该教学模式。

伊顿公学于2000年开始，就给每个学生配备一个电脑，方便学生课余时间查找学习资料，完成作业，并提交给老师等。自2013年开始，学校的部分老师开始探索翻转课堂教学的形式，学校给每个学生配备IPad，老师通过学习平台引导学生学习新知，课堂上的时间用于完成作业、解决问题、创造探究等。

目前，伊顿公学是“全球在线学习(the Global Online Academy)”的成员，师生可共享全球的在线学习资源。而且，伊顿公学自己建立的一个新的公司即“伊顿在线挑战(Eton Online Ventures)”，也已经开始运行，探索教育领域内如何更好地使用技术，让在线的教与学活动更加有趣、更加有效。伊顿公学认为，利用信息技术从根本上变革传统的教育教学方式，而不仅仅是提供一些学习支持，目前，这个时机已经成熟。伊顿公学坚信，技术能够为全世界的儿童在教学方式和教学效果方面带来如下几个方面的益处：

(1) 促进合作学习，鼓励学生珍惜团队的力量和他人的贡献。

(2) 养成自信、热情、坚韧等品格，尊重每一个个体。

(3) 更加便利地接触最有效的教育方法和教育资源。

除了上述探索之外，伊顿公学已经和另一家在线教育机构"Emerge Education"就"中学教育"合作了两年，学生在该学习平台上可以体验或评论最新的教育发展，学校对学生的在线学习和交流情况进行指导和辅导。

当然，在各种信息技术使用的过程中，学校始终坚信一点：无论使用"老的"还是"新的"技术，学校都要鼓励孩子们不断挑战和质疑，进行积极地学习。

在美国的一所著名中学菲利浦斯·安多夫中学，虽然被采访的老师没有提及"翻转课堂教学"的名词，但是据学校课程负责人大卫·福克斯(David Fox)先生所讲的课堂教学模式，则非常类似翻转课堂教学的方法。福克斯说，安多夫学校的课堂非常强调讨论和参与。老师和学生之间更像是伙伴的关系，更平等。学生不仅仅需要理解材料，更需要积极地参与讨论，这也是作为学生的责任。因为小班教学的关系，班级也更容易管理，教师更容易关注每个学生并且应对每个学生的需求。

在新加坡，新加坡国立大学附属数理高中(NUS High School of Math and Sciences)是最早利用信息技术带来的便利，从事线上线下相结合学习，进行翻转课堂教学尝试的学校之一。从2013年开始到2018年止，新加坡政府为基础教育的学生定制了"地平线项目"，旨在提升学生的信息素养，翻转课堂也是"地平线项目"的一个内容。2013年9月25日，新加坡教育部长王杰瑞(Heng Swee Keat)，做了一个题为"学生中心、价值驱动的教育：为终身学习奠定宽厚基础"的工作报告，报告对信息技术推动翻转课堂教学模式的改革给予了充分肯定和认可。在政府和教育行政部门的大力推动下，翻转课堂模式正被新加坡大中小学广泛采用。新加坡国立大学附属数理高中实施翻转课堂模式一个学年后调查发现，90％的学生非常喜欢翻转课堂这种学习形式，录制的课程对于课前预习和课后复习帮助极大。

需要说明的是，这些知名中学都比较重视培养学生的批判性思维能力，所以课堂教学中教师较多地采用讨论与交流方式，更多地采用学生发表观点、教师点评的方式，尤其是人文社科类科目的教学更是如此。而对于基于项目的学习，或者是基于任务的学习，则更是强调学生学习的主体性，教师布置给学生所要阅读的任务，或是需要完成的项目，学生利用课余时间查找资料、写出阅读报告、进行项目设计等。在课堂上，学生发表阅读的感受、呈现项目设计的创意和思路，师生、生生一起交流碰撞，深化思维，完善方案。应该说，这样的教学方式在西方的大中小学课堂内很是常见，甚至先于“翻转课堂”概念的提出，它和翻转课堂教学的理念和思路是不谋而合的。当然这些世界知名中学借助信息技术的便利，将上述理念和思路做得更为完善。

## 43. 翻转课堂究竟翻转了什么?

慕课加翻转课堂的出现是时代的必然。美国著名哲学家、教育家约翰·杜威(John Deway)早在一个多世纪之前就说过:"如果我们仍然以昨天的方式教育今天的孩子,无疑就是掠夺了他们的明天。"慕课加翻转课堂适应了今天数字化时代社会的变革,它在下述方面有着与传统教育明显不同的变化:

第一,先学后教,教学程序的翻转。翻转课堂给人最直观的感觉就是教学程序的变革,它从人们公认的先教后学的模式转变为先学后教的模式。这也是翻转课堂被称为翻转课堂最重要的理由。

第二,课前学习刺激从一元到多元的翻转。微视频是集视频与音频于一体、图文结合的学习资源。微视频是以学生认知规律为基础,基于知识点而编制的微型的学习资源。微视频使大多数学生"先学后教"成为可能,是翻转课堂得以实现的重要基础。

美国斯佩里(R. W. Sperry)教授通过割裂脑实验,证实了大脑不对称性的"左右脑分工理论"。人的左脑支配右半身的神经和器官,是理解语言的中枢,主要完成语言、分析、逻辑、代数的思考、认识和行为;右脑支配左半身的神经和器官,是一个没有语言中枢的哑脑。但右脑具有接受音乐的中枢,负责可视的、综合的、几何的、绘画的思考行为。观赏绘画、欣赏音乐、凭直觉观察事物、纵览全局这都是右脑的功能。微视频实现了学习刺激的多元化,它就为人们学习实现左右半脑同时运用,和高效率的学习提供了可能。

国内外的实践中都有发现：一些患有“自闭症”与“智能障碍”的孩子在视频学习时，有非常突出的表现，取得了令人振奋的成绩，很可能就是因为他们虽然并不敏感于左半脑的文字的学习，但这并不影响他们右半脑可视的、综合的、几何的、绘画的思考行为。这表明刺激的多元化将会改变相当部分学生的学习方式与结果。

第三，师生角色的翻转。任何人如果把师生角色的翻转理解为学生变为教师，抑或教师变成学生，无疑是极为可笑的。所谓师生角色的翻转是指学生从被动的接受者转化为主动的、自主的学习者，教师从知识的传授者变为学生的引导者。这一转变是有着重大意义的，这将使学生自主主动地学习成为常态，使学习化社会得以真正地实现。

第四，课内与课下教学重点的翻转。这本质上是课堂教学目标的转变，是翻转课堂最有意义的转变，它使得学生高阶思维能力的培养在课堂中成为可能。本书后续部分将对其进行进一步地探讨。

第五，教学过程从“大一统”到“个别化”的翻转。现行的班级授课制极大地提高了教育效率，用夸美纽斯的话来说，它使“一位教师面对几十乃至几百名学生进行教学成为可能”。然而，它齐步走的教学方式确实让一些学生无法适应，教师也无力解决各不相同的学生问题。慕课在大数据的支持下较好地解决了这一问题，它在充分诊断学生学习障碍的基础上为学生提供个别化的指导，使学生的兴趣、爱好、个性、特长得到最大限度地发展。

第六，学习途径从单一向多元的翻转。传统课堂就其教学途径来说就是教师讲学生听，途径单一。慕课把线上与线下学习结合起来，把校内与校外交流结合起来，实现教学途径的多元化。事实上，这对开阔学生视野，帮助他们走上社会具有重大意义。

## 44. 翻转课堂使课堂教学形态发生了什么改变?

翻转课堂是近年来出现的一种教学新形式。如果要问翻转课堂使课堂教学形态发生了什么变化，那么最根本的变化是把本来应该在课堂教授的相关知识内容，现在借助于信息技术给予前置学习。回到课堂，则重点放在知识的答疑解惑、巩固提升、拓展探究等方面。

美国哈佛大学物理教授埃里克·马祖尔（Eric Mazur）曾对参与式学习、前置性学习进行过系统研究，他的理论对阐述翻转课堂的原理作了很好的注解。自 1984 年起，马祖尔教授一直在哈佛大学担任基础物理教学工作，除了日常的教学工作外，他对教育改革也很有兴趣。上个世纪 90 年代初，他发表了一本著名的代表作《同伴教学法—大学物理教学指南》，提出了被称为"同伴教学"（Peer Instruction）的理论，这一理论在美国有很大影响，被很多教师作为教学借鉴。他的课在大学也一直深受学生欢迎，并得到了很高的教学评价。

马祖尔教授指出，在讲授自然科学课程的过程中，如果让学生参与教学过程，是一个简单而有效的方法，可以使得物理知识更容易被学生们接受。在自己的大学物理课上，马祖尔一直进行尝试，将前置学习和同伴互助教学结合起来。课前，让学生看视频、听广播、阅读文章，将不懂的地方和问题放到类似于 Facebook 的社交工具上；教师则在课前对问题进行分类、组织，然后针对不同的问题，组织教学设计，安排课堂内容。学生已经明白的内容，则不再讲解和准备。课堂上，采用启发式教学，从单向的讲授改为提出问题，小组互动，鼓励学生提出质疑和难点，通过学生相互协作讨论解决。教师的角色就是听学生的讨论对话，在必要的时候参与个人或小组讨论。在2011年的一项研究中，马祖尔发现，采用这样的教学方法，学生对所学内容有了非常好的掌握，学习正确率提高了一倍。

马祖尔教授还揭示了这样一个原理：课堂上，同伴之间的互助教学，能大大促进知识的吸收内化过程。他说："传统教学只注重学习过程的第一步，即信息传递，并把这一过程放在最重要的环节，也就是课堂上；但他们忽略了第二步——吸收内化，传统上都把这一过程放在缺少帮助的课后环节中。结果本应用于师生互动、同伴协作和交流的课堂，常常被教师一个人占用来进行知识传授。"但事实上，在课堂上单纯传授知识，是一种有缺陷的方法，因为学生在学习上存在个体差异，有的学生可能无法完全跟上群体教学，导致群体差异和个体差异之间发生矛盾。现在，由于互联网的高度发达，信息技术让知识的传授变得便捷和容易，教师应该改变教学模式，把教学重心和时间放到第二步，即把"吸收内化"这一重要的过程放在课堂时间。

对于马祖尔教授上述的研究心得，其实每一个当过教师的人都有体会。作为老师，一般都对课堂上知识的系统讲授最为重视，以为课堂上讲了，学生就应该懂了。上课时还会常常出现这样的情形，课堂上老师讲，然后问学生懂了没有。有人回答说"懂了"，老师就以为大家都懂了。其实可能就只有部分学生真的听懂了，还有很多人似懂非懂，甚至根本不懂，但也不敢说出来，怕老师责怪。然而一到做作业，就出现问题了，题目不会做，想找老师辅导，但老师恰恰不在旁边。所以真正看教学的成效，不能光看知识的传递，更要看知识的内化，知识内化应该比知识传递更值得重视。马祖尔的理论及其教学实践，可以说为翻转课堂作了非常好的注解。翻转课堂在教学形态上的独特之处，正是把知识传递与知识内化翻了个，借助于现代信息技术，把知识传递环节变为前置学习，课堂上则重在知识内化，巩固提高。实践证明，这样的翻转是有效果的，正如英特尔（INTEL）公司全球教育总监布林（Brian Gonzalez）所说："以前，知识内化的过程都是被放在教室外，那个时候没有老师和家长在场，碰到疑难时，学生容易因无人协助而产生挫折，丧失学习动机和成就感。但如果把这两个过程颠倒过来，学习成效就会有一个很大的提高。"

## 45. 翻转课堂和慕课是什么关系?

翻转课堂和慕课是两个既有联系,又有所区别的概念。所谓慕课,如前所述,是指一种大规模的开放在线课程,它的学习特点是在线学习的课程。只要有电脑,能上网,任何人今天都可以在家里学习世界上顶尖大学的课程。整个慕课的学习,包括视频、互动讨论、作业,甚至学完后的考试,都可以在网上进行。如你选了一门哈佛大学或是斯坦福大学的慕课,你可以在网上完成整个课程的学习,没有必要亲自跑到哈佛大学或斯坦福大学的课堂上去。如果通过考试,你还能拿到学校颁发的课程通过证书。所以慕课这种教育形式,特别适合于高等教育和成人教育。相比较而言,中小学学生毕竟年龄较小,所学的又都是基础知识,我们很难想象,他们的学习能完全通过网络在线教育的方式完成。当然我们也不能断言,这种方式就一定不能采用。或许将来随着网络数字化学习资源越来越丰富,在线学业评价方式越来越完善,这种纯粹在线教育的形式对中小学生也有可能实现,但至少现在还不行。

而翻转课堂就不仅仅是在线教育了,它是在线教育和课堂教育两者的结合,是一种混合式教育。与慕课相同的是,翻转课堂也要看教学视频,也要依靠大规模的开放在线课程,但不同的是,光看视频不够,学生仍然需要课堂教学,需要老师在课堂上的当面讲解和辅导。所以翻转课堂是课前看视频和课堂教学的结合。有人说翻转课堂是取消课堂,这完全是一种误解,翻转课堂从来没有说要结束现在课堂教学的使命。但翻转后的课堂，一定与现在的课堂有所不同，它不再是老师为中心的高高在上的课堂，也不是一切按照预设、滴水不漏的讲学式的课堂，更不是不顾学情、不顾学生个别差异的齐步走的课堂。翻转课堂一定是以学生为主体的课堂，是预设和生成(课堂上学生有很多机会提出自己问题)相结合的课堂，是允许差异性学习、允许错步走的课堂。当然，在大学，如果大学老师要求学生课前先看相关的教学视频材料，然后回到课堂更有针对性地讨论、学习，那么这也属于翻转课堂了。

## 46. 翻转课堂教学的理念很好，但是当前如果所有学科都实施翻转课堂教学，那学生课前看微视频的时间从哪里来？会不会增加学生的学业负担？

应该说，刚接触翻转课堂教学的概念时，不少校长和教师会有这样的担心和忧虑。课前需要学生自主学习微视频和其他资料，完成进阶作业。学生课前自学到位，翻转后的课堂教学会更有针对性，效益会更高。且不说学生课前会不会自学的问题，如果所有学科都要求学生课前自学，那学生课前自学的时间从哪里来？对这个问题，我们从以下几个方面回应：

（1）和常规或者说传统的教学模式相比，上翻转课堂，理论上并不会增加学生的学习时间。按照传统的教学模式，课堂内教师讲解新知，学生听讲为主；课后，学生完成老师布置的练习作业。翻转课堂教学模式下，课前看微课、做作业的时间，用的就是学生在传统教学模式下课后做作业的时间。课堂上的时间用来巩固夯实基础知识，完成作业。课堂结束时，学生完成学习任务，教师不必再给学生布置课后作业，因为理论上作业都是在课堂上完成的。所以，就一个专题的学习而言，和传统课堂教学模式相比较，上翻转课堂并没有人为地拉长学生的学习时间，只不过是把课堂内和课堂外的教学任务和教学流程颠倒了一下而已。

（2）和第一个观点相一致。学校内即使是所有学科都同时上翻转课堂，也不存在课前没有时间看微课、做作业的问题。如果在传统的课堂教学模式下，所有学科都是有课后作业的话，那么，我们可以推理，既然学生有时间完成所有学科的课后作业，那学生就应该有时间自学翻转课堂教学要求的课前学习任务。

(3) 当前的实际情况是，在一些学校，即使所有学科都进行翻转课堂教学，也不是每个学科的每节课、每个内容都要运用翻转课堂教学模式。我们认为，无论是理科还是文科，都有适合做微课、上翻转课堂的内容，也有不适合上翻转课堂的内容。有些内容的学习需要在课堂内师生相互交流中学习，那这样的内容就没有必要一定要用翻转课堂的形式。翻转课堂教学，如果上得好，是一种非常有效的课堂教学模式，但它不是唯一的教学模式。传统的教学模式也有很多优势，二者并不是谁取代谁的关系，二者可以并存。根据教学内容的需要，根据学生的学情，教师自主决定采用何种教学模式。

(4) 进一步想象，随着信息技术在教学中的深度运用，随着翻转课堂教学的日益推进，如果所有学科大部分的内容都进行翻转课堂教学，即翻转课堂教学常态化以后，我们认为，现在的教学制度、学校管理制度都要跟着进行变革。比如，有的学习内容，学生完全可以在线学习，那么课堂上的教学时间一定还要 40 分钟吗？一个上午一定还需要 4 节课吗？一周一定还是 5 天的教学时间吗？显然不是的。随着信息技术在教育领域的深入运用，随着在线学习的日益成熟和完善，未来的教学制度、评价制度和学校形态都是要发生变革的。今天的学校制度、教学制度、班级授课制度，都是适应工业文明的需要产生的。在未来的信息文明社会，教学制度会更加灵活，学校形态也不是完全是现在这样。具体什么样子我们很难预测，但是有一点可以肯定，未来的教学制度、管理制度、学校形态，一定会更加顺应、更加适应线上学习与线下学习相结合的混合学习形式，而不是阻碍线上学习的发展。毕竟，学校教育是整个社会的一部分，当社会的其他行业都已经被信息化改变了的情况下，学校不可能一直坚守原有的业态不变。更何况，学校培养的孩子如果要引领社会的发展，更不能对外界的变化视而不见。所以，随着翻转课堂教学的日益推进，学校的教学制度、管理制度、评价制度都会发生相应改变，会更加支持和保障这种教与学的形式，而不是相反。

# 第六部分

# 翻转课堂的理论基础

## 47. 翻转课堂在教育上的意义和价值是什么?

我们认为,实施翻转课堂,对今天的教育教学改革有着多方面的意义。

首先,翻转课堂使个性化学习成为可能。我们都知道,每个学生的学习基础、学习能力、学习兴趣都不同,哪怕是学习同一个知识内容,所需要的时间也不同。但传统的班级授课制的课堂,一切都是标准化的齐步走,统一教学,统一进度,统一练习时间,很难真正做到分层教学、差异性教学。翻转课堂承认了学生的不同,为个性化学习带来了机会,由于观看视频是个性化学习的过程,每个学生可以按自己的节奏和速度来学习。学习速度快的学生可以掌握更难的课程内容,速度慢的学生则可以反复观看,并寻求教师的帮助,这就大大弥补了现在班级授课制的局限,为个性化学习提供了广阔的空间和机会。虽然一开始实施翻转课堂,我们仍然要求学生在同一天晚上看同一个视频,回到课堂完成同样的练习,但随着视频资源库的不断丰富,网络技术的不断完善,我们相信,这种统一课前学习的局面也终将被打破。将来完全可能发展到允许学生按自己能力选择学习内容,并完成与之相匹配的作业和练习。

其次,翻转课堂使学生成为学习的主人,真正突出学生在学习中的主体作用,从而大大激发了学生的学习动机。2012 年,翻转学习网站对 453 个从事翻转课堂的老师做了一项调查,调查表明:80%的教师认为学生的学习态度较之从前更加积极。如有老师说道:"我教数学 10 年的时间了，从来没有看到过我的学生如此努力地学习过。”①

而在传统的课堂，学生依赖性很强，总是习惯于老师讲，自己听，老师教什么，自己学什么。学生在学习过程中基本属于被动和从属的地位，是知识的接受方，而非主动学习方。在翻转课堂的教学中则不同，它为学生创设了自主学习的环境，利用教学视频，学生能根据自身情况来安排和控制自己的学习。在课外或回家看教师的视频讲解，学生可以在较为松弛的氛围中展开学习，而不必像在课堂上集体学习时那样紧绷神经，担心遗漏老师讲的，或因为分心而跟不上教学节奏。学生观看视频的节奏快慢全在自己掌握，懂了的快进跳过，没懂的倒退、反复观看，也可停下来仔细思考或记笔记，甚至还可以通过聊天软件向老师和同伴寻求帮助。

第三，翻转课堂教学在课堂上增加了学习中的互动。这是因为，一些本来应当在课堂上系统讲授的内容，现在通过视频让学生先学了，这样就给课堂上师生互动留出了更多的时间。这对学习困难的学生尤为有益，因为他们可以得到老师更多的辅导和帮助。例如，前面说到的美国密西根州克林顿戴尔中学，实施翻转课堂后，学生的学习情况大为改观。在接见新闻记者的采访时，谈到当初实施翻转课堂的初衷，格雷格·格林校长说：“我和学生交流，特别是和近十年毕业的学生交流，发现了一个共同之处，他们总是告诉我，在家做作业很困难，没有良好的学习环境，没有可利用的技术手段，没有父母的帮助，家里也没有专业的老师。当我们分析问题，想寻找解决办法时，我们发现，这一切条件，在学校都可以实现。问题是，为什么我们总需要把练习和作业在家完成，家并不是一个适合学生练习的地方，

① Classroom window. What do teachers who've flipped their classroom have to report? [EB/OL](2015-02-13)www. classroomwindow. com/review-a-product.

特别是在有些家庭得不到任何帮助的情况下。”在翻转的课堂上，由于教师的角色从内容的呈现者、传递者转变为学生学习的指导者、教练，这就使得教师有更多时间与学生交谈，回答学生问题，对学生进行个别辅导。例如，学生在课堂做练习时，教师可以巡回辅导，当发现有些学生为同一个问题所困扰，就可以专门对这些学生进行有针对性地辅导。在这个过程中，教师的角色也发生了变化，不是滔滔不绝的讲授者，或是发号施令的指挥者，而是引导学生学习、为学生答疑解惑的助学者。在这样的课堂上，就能真正形成一种学习文化，而不是讲授文化。

第四，翻转课堂真正培养了学生的自学能力。由于现代科学技术的迅猛发展，今天的学生将来很可能从事现在还未出现的职业和工作，这就更加需要培养他们的自主学习能力，就像翻转课堂的创建人之一萨尔曼·可汗在其代表作《翻转课堂的可汗学院·互联时代的教育改革》一书中所说：“改变是不可避免的，而未来世界将怎样改变则充满了不确定性。这一事实对我们的教育方式产生了深远而又复杂的影响，不过，对我个人来说，基本原则异常清晰：既然我们无法准确地预测现在的学生们在10年或20年后需要什么样的知识，那么比起现在教给他们所有的知识内容，教会他们自学的方法、培养他们的自学能力无疑更重要。”翻转课堂的教学，由于更多地需要学生课前自学，独立思考问题，自我探究，努力理解知识内容，这就为学生的自学能力培养打下了扎实的基础。而且观看视频不但要吸收知识，还要能发现问题，并在第二天的课堂上提出自己的思考和问题，这样学生的独立思考能力和提出问题的能力也能相应提升。所以我们相信，只有长期坚持，通过翻转课堂学习的学生，在自学能力方面，将来一定会比通常课堂教学培养出来的学生更强。

第五，翻转课堂使得教师与家长之间有了更多更深入的交流。最早在美国中学实施翻转课堂的林地公园中学教师乔纳森·伯尔曼和亚伦·萨姆斯，对翻转课堂在这一方面的意义有着深刻的认识，在他们的多次视频演讲中，都提到了这一点。他们表示，翻转课堂的确改变了教师与家长交流的内容。以前，在家长会上，父母问得最多的是自己孩子在课堂上的表现，如是否安静地听讲，行为是否恭敬，能不能举手回答问题，有没有打扰其他同学等等。这些看起来是学习好的特征，但教师回答起来却很纠结。在翻转课堂后，这些问题不再是重要的问题。现在的问题是：孩子们是否在学习？如果他们不学习，教师能做些什么来帮助他们学习？如何把学生带到一个环境，帮助他们成为更好的学习者？克林顿戴尔中学的格雷格·格林校长面对采访他的记者，也谈到翻转课堂改善了学校与家长的关系。他说："在实施翻转课堂以前，学校每年要接到200到250个来自家长的投诉电话，家长抱怨孩子在家学习得不到帮助。而这类电话在实施翻转课堂的一年多后，只收到了7个，而且谈话的内容也变了，不是责备学校，而是希望学校给予更好的一对一的教学指导。"

第六，翻转课堂为促进教育公平打开了一扇门。每个孩子都享有平等的受教育权利，但是由于家庭经济文化背景的不同，一些富裕家庭子弟在家里学习或做练习时，有较好的学习环境，可以得到家庭的帮助，还可以请家教或得到其他技术上的支持。但对于普通家庭，尤其是农村家庭，学习环境就没有那么理想了。通过翻转课堂的视频资源库，等于为这些学生建立了一个有效的学习环境，学生可以随时学习微视频。这等于学生身边来了一位家庭辅导教师，可以对要学习的知识内容不厌其烦地一遍遍讲解，而且这些内容还可以永久保存，需要时可以随时查阅和复习，是所有学生都能积极学习的课堂。

翻转课堂除了以上一些优点外，乔纳森·伯尔曼和亚伦·萨姆斯还总结了其他一些传统课堂所不具备的优势。例如，可以帮助那些社会活动多、工作多的学生，使他们既不放弃这些课外活动，又能不至于在忙的时候错过学习，做到学习和活动两不误；可以让教师更好地了解学生：翻转课堂让教师有更多时间与学生在一起，更清楚地知道谁能迅速地掌握学习内容，谁学习有困难，需要帮助的地方在哪里，识别或跟踪他们潜在的问题；可以增加课堂管理的效果：在传统的课堂上，老师必须始终密切关注学生动向，学生稍有分心，就会跟不上进度，或者感到无聊，以至于影响他人学习。实施翻转课堂后，会发现许多课堂管理的问题消失了，学生个个都很投入，或忙于活动或参与小组协作。

## 48. 能不能把翻转课堂看作是以学习者为中心的教学形式?

我们觉得基本上可以这样看，但这里所说的以学习者为中心，并不是排斥和拒绝教师的讲授、辅导以及给予必要的帮助，这和大学的慕课学习是有所区别的。我们这里所说的以学习者为中心，更确切地说是在学习过程中，翻转课堂比起以往的教学，更突出了学习者的主体作用。这具体来说包含以下几个方面：

第一，翻转课堂是在教师的引导下“先学后教”的。如果是教师教了才学，教师教什么，学生学什么，填鸭式的教育，那么学生在学习过程中就始终处于被动学习的地位。如果学生先自己预习、思考、理解、尝试解决问题，哪怕错了也不要紧，在课堂上学生就可以和老师讨论，这样的学习，对学习者自学能力的提高是极有帮助的。如果说以前这样的情况难以实现，那么现在借助于信息技术，这样的学习已经不是什么大问题了。

第二，翻转课堂的学习方式是个性化的、灵活的、方便的。因为每个人所处的家庭环境、社会背景和学习条件不同，所以以学习者为中心的学习，应该给每个人个性化学习提供最大的便利。翻转课堂借助于网络数字环境，就可以满足学习者的个性化需求。

第三，翻转课堂是可选择的，自己主导的、自我掌控的。在翻转课堂的教学中，学生真正做到了选择性，如看视频的过程是自己选择时间、地点、节奏、速度的。不但方法上可以选择，而且内容上也可以选择，以前学过的内容，需要的可以回看、复习；如果学习基础好，还可以根据自己的需要看还未教授的内容，甚至还可以超越教师的安排学习更深更难的内容。选择性的教育在翻转课堂上真正成为可能，这样的学习可能比现在一些学校试行的走班制教学更为有效，也更便于操作。

便于小组合作和学习反馈的“未来课堂”布局

第四，翻转课堂可以给学生很多自我展示的机会。由于课前看了教学视频，学生对所学内容已经有了一定了解，因此可以在课堂上充分展示自己的学习心得，分享自己的学习收获，还可以谈自己的解题新思路，并提出自己认为重要的新问题，这样学生的学习兴趣提升了，学习的自信心也增强了。我们从很多C20慕课联盟学校获悉，实施翻转课堂后，原来学习能力较弱的学生，也都对学习充满信心，课堂上的表现也更活跃了。

第五，翻转课堂给了学生对自己学习效果进行自我反思、自我评价、自我检测的机会。学生看微视频的时候，如果配合进阶式练习，就能对自己学习的效果进行自我检验。长此以往，学生对自己的学习责任感也会增强。

## 49. 支撑翻转课堂教学的理论基础是什么?

支持翻转课堂的理论众多,几乎所有的教学理论都为翻转课堂提供了养料,因此,可以说,翻转课堂是融合各家之长,取各家精华而用之的教学范式。不同学科的翻转课堂可能基于的教学理论基础不同,不同类型的翻转课堂采用的理论模型也不一样,并且,翻转课堂也在用自己的实践丰富着各种教学理论。

不过,目前对翻转课堂影响较大的可能还是本杰明·布卢姆(Benjamin Bloom)的掌握学习法(mastery learning)。最早尝试翻转课堂的乔纳森·伯尔曼和亚伦·萨姆斯曾经在网站上刊登了一篇文章,他们认为,翻转课堂所依据的,并不是什么全新的理论,恰恰是广大老师所熟悉的布卢姆的掌握学习理论。掌握学习是美国教育学家、心理学家布卢姆提出的一种有关教与学的学习理论。1968年,布卢姆在他的论文《为掌握学习》(Learning for Mastery)中提到这一学习方法。这一理论主张,应该允许一个学生以自己的节奏学习,当他们完成一个单元,可以通过实验室和测试的方式,证明他们完成了学习任务,掌握了教学的体系。如果学生交上的是不能令人满意的答卷,例如成绩得了D,就不能让他继续学习新的内容。他必须继续努力,直到证明自己已经完全掌握了这些知识。布卢姆还认为,掌握学习法是最好的学习方法,它可以使学习者在最佳的教学条件下,通过足够的时间,掌握所学的材料。用这样的学习方法,可以缩短学生之间的差距、照顾学习能力低的学生的需要,真正达到因材施教的效果。尽管掌握学习理论确实有一定道理，但它并没有流行起来，主要原因是老师们在实践中无法操作。其实布卢姆的掌握学习理论不是什么新理论，国内以前也介绍得较多，只是相当一段时间内该理论被冷落了。

当过老师的都有体会，作为教师，一般都认为，一个班级学生的学习能力总是常态分布的，大约有 1/3 的学生学习良好，1/3 的学生处于中间状态，1/3 的学生勉强及格或不及格。那么讲课的出发点主要是针对哪一些学生呢？当然主要是针对中间的学生，这叫中间大两头小。你不能针对最好的那些同学，那样其他大部分同学都会听不懂；针对最差的人也不行，针对最差的少数人反复讲，其他基础较好的学生听课就会感到没趣，讲的都是学过的东西。所以人们认为，学生的学习效果应该是两头小中间大，呈现一种常态分布。极优秀的学生是少数，真正学得很差，完全不及格的也是少数，大部分人应该在七八十分之间。然而布卢姆是不赞成这样一种观点的。他认为，关键不在于一定要事先决定一个正态分布，而是你能不能提供最佳的学习条件和足够的学习时间。假如你给学生提供最佳的学习条件，足够的学习时间，应该是绝大部分学生都能学好，都能掌握的，也就是说你这个班级 95 分的优秀学生应该是大多数，而不只是少数学生。

那么，现实当中，为什么就达不到布卢姆所说的这个效果呢？因为集体授课的课堂上，没法让学生按照自己的节奏学习，只能一刀切。布卢姆认为，如果学生有足够的学习时间按自己的节奏学习，每学完一个单元及时评价，评价方式可以是书面测试，也可以是做实验。评估结果低于某个点，如 85 分，那么这个内容必须重新来学，学完再评估，而不是等到考试才来检测，如果是这样，每个学生都能学得很好。

翻转课堂的代表人物之一萨尔曼·可汗，在 TED 大会上有一个演讲，其中便讲到学习要达到极致，什么意思呢？就是哪怕是小小的障碍，都应该及时去克服，克服了再继续前进，而不是说这个单元有一点小的问题，因为要赶时间，赶进度，就置之不顾，然后下面一个单元又有一点小的问题不懂，也不及时解决，这样日积月累，到后来就有很多东西不懂，最后学困生就产生了。可汗在演讲时举了一个例子，就像学自行车，不能给你一辆自行车，两个月后来检验你学得怎么样了，然后给你提出种种批评，说你上车姿势不对，骑车姿势不对，这样你怎么学得好呢？你每一个不对的姿势，都应该及时指出来，这样你才能学得好。学习也是这样的。

所以按照布卢姆的掌握学习理论，学生的成绩不应该是原来预想的那样正态分布，而应该是大部分学生都能学好。美国芝加哥大学曾经做过一个实验，结果也印证了这一推论，实验揭示大约 90%的个别教学组，70%的掌握学习组的学生，能达到令人满意的成绩水平，而在群体教学中只有 20%达到这一水平。现实中布卢姆的理论不起作用，根本的原因还在于现在的群体教学模式，课堂上只能一刀切，赶进度，这是我们目前班级授课制很难解决的一个问题。恰恰在这一点上，翻转课堂的优势就显现出来了，它可以在群体教学的大背景下，让学生按自己的节奏学习，实现个性化学习。为什么实施翻转课堂的学校，学生成绩都有提高，恐怕就是这个原因。学生在家里看视频的过程，就是个性化学习的过程，你可以按自己的节奏去看，一遍不懂看两遍。再有，在课堂上，三四十个人坐一起，气氛也蛮紧张的，老师讲完了，即使没有听懂，也不敢吱声，怕丢脸。但是在家里看视频就没有问题了，可以放松心情去学习，你可以坐在沙发上看，甚至也可以躺在床上看，不用担心和谁竞争。看完视频后，在进阶练习的评估中低于85分，也不必过于担心，回去重新学习就是了。这时候学生的成绩，已经不是由预想的比例决定，而是根据掌握了多少内容来决定。总之，按照乔纳森·伯尔曼和亚伦·萨姆斯的看法，理论早就由布卢姆提出，只是那个时代缺乏实施条件。现在有了信息技术的支撑，有了翻转课堂，原来学习时间是常量，掌握程度是变量，现在变为掌握程度是常量，而学习时间是变量，学习效率就大大提高了。

## 50. 翻转课堂为何能够更好地落实“掌握学习法”？

支持翻转课堂教学的重要理论之一是布卢姆倡导的掌握学习法。若前所言，掌握学习法作为一种理想的理论，半个世纪来没有得到有效落实，其重要原因在于缺乏相应的支持与保障条件。而在今天，伴随信息技术发展出现的慕课加翻转课堂的教学，为有效实施掌握学习法提供了可能。这为提高学生学习质量，保障学业成功提供了难得的机遇。翻转课堂教学和掌握学习法有什么内在联系，如何在翻转课堂教学结构中更好实施掌握学习法，就成了一个重要的探索课题。

### (一) 掌握学习法的内涵及其实施要求

由布卢姆提出的掌握学习法，但其思想可以追溯至卡罗尔(John B. Carroll)，并得益于布鲁纳(Jerome Seymour Bruner)、安德森(Lorin W. Anderson)的观点，即在教学目标的引导下，让教学过程的诸因素适应个体学生的学习需要，以便让大多数学生在学期末、半学年或毕业时都能达到掌握水平。[①] 有效实施掌握学习法，以下几点至关重要：

(1) 教学目标明确而又具体

教学目标明确而又具体，便于落实，也便于检测学生是否掌握。如果学生没有掌握，教师要及时找出哪个知识点没有掌握以及如何有针对性地帮助和指导。

---

① [美]B・S・布卢姆等著.教育评价[M].邱渊等，译.上海：华东师范大学出版社，1987：71—86.

(2) 教学过程适应个体需要

对同一内容的掌握,不同的学生需要不同的学习时间和学习材料,学习方式也有差异。有的学生 10 分钟就学会了,有的需要 30 分钟,有的学生可能需要 1 个小时。有的学生喜欢通过听讲来学习,有的喜欢通过阅读学习,有的学生喜欢在做中学。有的学生喜欢学习具体形象的资料,有的学生喜欢抽象度较高的材料。教学要取得成效,就需要教学过程的诸要素如教学方法、教学材料、教学节奏等适应个体的学习需要,让每个学生按照自己喜欢的方式和节奏来学习。卡罗尔就把教学质量定义为教学过程的诸要素适应个体学生的程度,即对于学习任务要素的表达、解释与顺序安排趋向于最适合既定学习者的程度。[①]

(3) 系统的形成性测试与反馈

对于学生的学习经常进行测试与反馈,对保障学习成效具有重要价值。通过形成性测试,看学生是否掌握了。如果掌握了,则继续后面的学习;如果没有掌握,就要重点分析哪一点没有掌握,原因是什么,再对学生进行有针对性地帮助和指导。帮助和指导时最好更换教学材料和方法,如果可能可以更换一下老师,便于学生以不同的方式来学习,直到学生学会为止,再继续后面的学习。以此确保大部分学生对每个知识点的掌握,直至最终全部掌握。

就掌握学习法,布卢姆与其研究团队进行了实验室研究和课堂内研究,这些研究表明:通过实施掌握学习法,大部分学得慢的学生能够达到学得较快的学生那样的成绩水平。此外,对于已达到掌握水平的学科的兴趣与态度,学得慢的学生和学得较快的学生一样积

---

① [美]B·S·布卢姆等著. 教育评价[M]. 邱渊等,译. 上海:华东师范大学出版社,1987:78.

极。许多国家研究表明，掌握学习法在各级水平的学科教学中产生了极好的效果。①

虽然关于掌握学习法的研究都表明了其积极的成效，遗憾的是，掌握学习法自提出之后，并没有在随后的岁月中得以推广，其重要原因是，班级授课制度很难让教学过程的诸因素适应学生个体差异，满足每个学生个性化学习的需求。而经常性的测试、反馈和矫正，需要很高的人力、物力以及时间成本。

随着社会的发展，伴随信息技术进步而出现的慕课和翻转课堂教学，则为掌握学习法的落实提供了很好的支持与保障。

### (二) 翻转课堂对实施掌握学习法的支持与保障

如前所言，翻转课堂是相对于传统的课堂上教师讲授知识、课后完成作业的教学形式而言的；它是指学生课前自主学习教师录制好的教学微视频和其他材料，完成进阶作业，遇到不懂的地方可以与师生进行交流；在此基础上，课堂上围绕学生学习过程中遇到的问题与困难，通过面对面的师生、生生交流研讨，共同解决，以达到知识掌握与思维深化的目的。翻转课堂之于掌握学习法的实施，有下述几项优势：

(1) 让学习更加自主

掌握学习法认为：对某知识点的学习，要达到掌握水平，有的学生需要的时间长，有的学生需要的时间短；有的学生喜欢 A 类教学方法，有的则偏向 B 类教学方法。因而掌握学习法主张：教学质量的高低取决于教学过程满足学生个体学习需要的程度。

(2) 让测试更易实现

---

① [美]B·S·布卢姆等著. 教育评价[M]. 邱渊等，译. 上海：华东师范大学出版社，1987：86.

掌握学习法的另一关键点就是，在学生学科学习的进程中，经常进行诊断、反馈和校正，让其在学习的每个环节都能达到掌握水平，以此保障其最终的学习效果。以往的做法是，需要不断地印制试卷或作业单，进行测试，教师逐个批改，然后进行反馈和校正。这样耗时费力，周期较长，学生和老师的负担较重，不易实现。

(3) 让学习更加愉悦

布卢姆等人认为，对于某学习主题，决定学生学习效果的因素主要有两大类：一是学生的认知准备，即通常而言的学习基础；二是学生的情感准备，即学生是否愿意学习新的知识，是否有积极的情感、自信的态度和足够的动力。只有做好了这两种准备，学习效果才有可能会好。因此，教学过程不仅要关注学生的认知状态，还要关注学生的情感态度。积极愉悦的情感对于保障持续的学习效果有重要价值。

翻转课堂教学中，学生因课前做好了学习的准备，课堂上就会更愿意积极地讨论、交流与展示。并且翻转后的课堂，因前置了知识的学习，课堂上有更多的时间和机会进行讨论、交流和展示，这相对于以往课堂上被动地听讲的状态，学生的学习变得更加积极主动、更加投入和专注。国内外翻转课堂的实践均表明了这一点，即学生学习的积极性和主动性增强了，学生更爱学习了，师生关系也更加密切了。[①] 学习情感的愉悦，则更易让学生将学习视为个体内在的需要，学习的积极主动性随之增强，学习效果得以提升。

---

① Classroom window. What do teachers who've flipped their classroom have to report? [EB/OL] (2015 - 02 - 13) www. classroomwindow. com/review-a-product, Janets Teffenhagen. Flipped classrooms create magic and controversy in B. C. schools. Vancouver Sun September 6, 2012. [EB/OL] (2015 - 01 - 14.) http://www. vancouversun. com/news/Flipped+classrooms+create+magic+controversy+schools/7202690/story. html.

## 51. 翻转掌握模式是如何实施的?

基于理论分析和美国林地公园高中的实践经验总结,一种新的教学模式即翻转掌握模式得以浮出水面。成功实施翻转掌握模式,离不开如下几项教学要素和环节:

(1) 明确目标,有的放矢

基于国家课程标准、学生学习基础、所用教材等,教师个人或者师生一起科学制定学习所要达到的目标,既包括每堂课的学习目标,也包括每单元学习结束时所要达到的目标。这是实施翻转掌握教学模式的第一步。学习目标要尽可能明确具体,便于落实和检测。制定好学习目标后,还要分析哪些目标可以通过学生自学微视频和其他资料来完成,哪些目标是要通过研讨或探究或动手操作的形式来完成。教师可将那些学生自学就能实现的学习内容和学习目标,制成微视频或推荐其他学习资源,放到网上或者通过其他形式传给学生,将那些需要研讨或探究才能达成的目标,放在课堂内来实现。

(2) 提供导引,帮助学习

基础教育阶段学生的自主学习,离不开教师的指导和帮助。根据学习目标,制作"学习导引单",帮助学生学习,是翻转掌握教学取得成功的重点之一。学习导引单即国内不少学者和教师称作的"学习任务单",是学习目标实现的载体。学习导引单上需指明实现学习目标所需的内容、路径、方法和评价方式等,具体包括如下内容:需要达到的目标,学习资源及其获得途径,学习活动及其要求,思考性的问题，学习结束时的反思，以及学生表明其达到了学习目标的证据。学习导引单对于实施翻转掌握模式非常重要，尤其是对于初学者而言，是开展翻转掌握教学的“拐杖”。

(3) 课前自学，初步掌握

在学习导引单的帮助下，对于自学能够达到的目标，可结合教师提供的学习视频以及其他资源，让学生课前自主学习，完成进阶作业，遇到困难时，在网上或当面寻求老师同学的帮助。该阶段的学习，每个人可选择适合自己的学习方式，学习时间也由自己把握。程度较好的学生很快学会，并完成作业即可。如果愿意自我挑战，则可以深入探究老师提供的个性化的项目作业；程度较弱的学生，则需要稍长的时间，甚至需要其他学习媒介的辅助，或者家长、老师和同学的帮助。

课前自主学习的过程，是缩小同学之间掌握差距的过程。通过多种学习方式，根据自己学习所需要的时间，让每个学生尽可能达到布卢姆认知目标分类学中的识记与理解的水平。这也是我们主张把学习教学微视频和完成进阶作业即慕课学习，放在课前而不是课堂当中的重要原因。如果将视频学习放在课堂中，在统一的时间、统一的地点，班级内的学生共同观看微视频，看懂的很快学会，看不懂的也没有继续学习的时间和机会。如果这样做，无异于教师课堂内的直接讲解，体现不出翻转课堂个性化教学的特征，达不到个性化学习的目的。

(4) 课堂探究，实现目标

结合学习导引单，对于需要探究才能达到的目标，在翻转课堂上，教师需引导学生做实验、组织学生研讨交流等来实现学习目标。对于学生学习、探究或实验过程中出现的问题，教师给予及时纠正，直到学生能够向教师证明他们已经掌握了，以此保障每堂课中学生的学习达到了掌握水平，不为下一节课的学习设置障碍。

需要指出的是，在翻转的课堂上，为切实让学生达到学习目标，需借助学习导引单以及学习交互平台的支持，充分暴露学生学习中遇到的问题，既包括进阶作业中出现的问题，也包括课堂深化拓展中遇到的问题。个性化的问题小组内合作解决，共性的问题或者小组合作解决不了的问题，教师帮助学生解决。只有如此，才能消除学习中的问题死角，将学习中遇到的困难在每一节课中得以克服。

常州北郊初中翻转课堂教学观摩研讨

（5）单元测试，强化学习

掌握学习法主张，一个单元学习结束后（通常两星期左右），需要进行形成性的测试与反馈。测试可以采用试卷的形式，也可以提交作品如展示 PPT、文章或录制小视频等形式。对于在形成性测试中达到掌握水平的学生，测试可以起到强化学习的效果，并提示学生可以进行下一单元的学习。对于没有达到掌握水平的学生，则需要找到问题，诊断原因，对没有学会的内容再次学习。待他们学完后，对这些学生再进行一次水平相当的形成性测试，直到他们在测试中达到了掌握水平，才可以进行下一单元的学习。以此保障大部分学生每一个单元的学习都达到掌握水平。

上述五个环节，不断循环，螺旋上升，到一个学期（年）结束时，则可以保障绝大多数学生达到对该门学科的掌握水平。

## 52. 对于知识点的讲解，微视频上都讲清楚了，课堂上还干什么？

这也是刚开始推进翻转课堂教学时老师们会问起的一个问题，即如何处理微视频教学和翻转后的课堂教学之间的关系问题。

作为两种不同的教与学的形式，视频教学与翻转后的课堂教学两者有着不同的任务分工。

从安德森认知目标分类学的视角来看，学生学习视频的过程，主要是知识的记忆和理解的过程，是处在认知目标分类中比较底端、比较基础的活动。学生通过自学微视频，是学习那些他自己可以学会的内容，属于比较基础性的内容。换句话说，学生课前通过微课学习的是比较简单的内容。

而在课堂内，在一个师生、生生面对面的课堂教学的环境下，教与学的形式比较多样、比较活泼，通过讨论交流、相互质疑、相互启发、动手实践、完成作业等活动，启发学生的深度思考，培养学生的综合素质，即完成安德森认知目标分类学中比较高端的认知活动，如知识的应用、分析、评价和创造等活动。也就是，比较难的学习任务和学习活动，是放到课堂教学内来完成的。

课前的视频教学与课堂内教学的任务分工，可以通过下图表示出来：

实践中也确实存在这样的问题，即视频教学是课堂教学的压缩版，课堂教学是视频教学的放大版，即视频内教与学的内容与课堂内教与学的内容存在相互重复的现象。这样是没有充分发挥翻转课堂

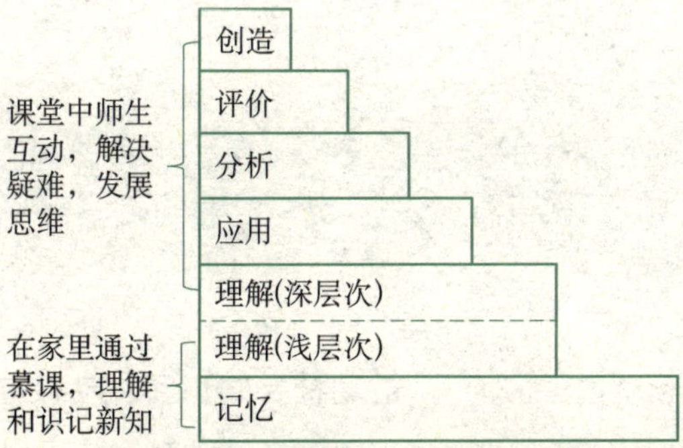


**课前的视频教学与课堂内教学的任务分工图**

教学模式的优势，浪费学生的学习时间，对提高教育质量有害无益。

## 53. 翻转后的课堂内更多地是探究式教学，教师在课堂内还需要进行讲解式教学吗？

其实，就学生的学习而言，被动接受知识和主动探究知识都是必需的。诚如B·S·布卢姆所言，所有的教学都是从教导式到辩证式排列的，如果说教导式教学处于教学序列中的一端，辩证式教学处于序列中的另一端，任何一种教学形式都是处于这两端之间的一点上，有的教学形式更侧重于教导，有的教学形式更侧重于辩证。[①]

从教师的角度而言，什么情况下采用讲解式教学？什么时候采用探究式教学？这取决于如下几个要素：

(1) 就学习内容而言，新知识的学习，或者是比较确定的知识领域的学习，教师的讲授是必不可少的，也是非常高效的教学形式。如果学习内容是一些人文社会科学的学习主题，并没有确定的答案，每个人都可以有自己的想法和见解，这时就可以鼓励学生大胆想象，发表个人的想法，采用讨论式、交流式教学效果会比较好。

(2) 还是就学习内容而言，如果学生对该领域一无所知的情况下，教师的讲解是必要的；而如果学习内容是和学生的人生经历、生活经验有关的知识学习，学生并不完全陌生，这时鼓励学生探究、讨论和反思等或许是更好的学习形式。

(3) 就学生的学习基础而言，如果学生的学习基础比较差、学习能力不够强，讲授式教学也更显优势。反之，如果学生学习基础较好、学

---

① [美]B·S·布卢姆等著. 教育评价[M]. 邱渊等，译. 上海：华东师范大学出版社，1987：19

习能力较强，那么，学生在自学的基础上就更加喜欢探究式学习。

问题是，我国当前的教学现状过分停留于教师讲解学生被动接受的教学形式，对主动探究式学习关注不够。这样的教学形式对知识的理解和记忆是很有效的，但是对于知识的运用、分析、综合、评价等高级思维能力的发展是不利的。而翻转课堂的教学模式，兼顾了这两种学习形式的优点，将教师讲授新知的部分录制成教学视频，让学生课前自学，课堂上师生、生生更好地探究、讨论或动手实践。

上海市静安区中小学慕课和翻转课堂教学专题研讨会

基于上述认识，国内外的学者如斯坦福大学的达夫妮·科勒，华东师范大学慕课中心的研究人员等都把“慕课加翻转课堂”的教学形式，看作是效率与个性的统一，既能满足大规模学生受教育的需要，又能改善学生学习的个性化问题，认为这是班级授课制之后基础教育领域最大的教育革命。①

① 陈玉琨. 慕课，一场正在到来的教育革命[J]. 上海教育，2013:10.

# 第七部分

# 翻转后的课堂教学

## 54. 翻转课堂的课该怎么上?

翻转课堂的定义前文已述,即课前学生在教师的指导下学习教学微视频和其他资料,完成对基础知识的理解;教师在充分掌握学生学情的基础上,在课堂内有针对性地讲解、指导,由师生一起完成作业,解决疑难问题等。就翻转课堂教学的结构而言,翻转课堂包括三部分:即课前的教学,学情的分析和课中的教学。对这三个部分的教学任务与策略,教师需要整体设计,统筹安排。

具体而言,教师如果要上翻转课堂,需整体设计课前教学的任务和重点,以及课堂中教学的任务和重点。翻转课堂的教学结构中,课前的教学不是课堂教学的整体前移,课堂中的教学也不是课前教学的再次重复。二者的任务分工是不同的,课前的教学是以学生的自学为主,学生在教师的指导下(口头指导或书面指导),自学微视频、教材或其他学习资料,完成进阶作业,达到对所学内容的基本识记与理解,并进行初步探究,如总结收获,提出困惑等。课堂中教学的主要任务是通过师生、生生间的合作交流,答疑解难,达到知识的内化与巩固,能力的锻炼与拓展,情感态度价值观的提升,综合素质的培养,尤其是创新精神和动手实践能力的培养。可以说,翻转课堂教学,课前的教学主要是完成低层次认知水平的发展,课堂中的教学主要完成高层次认知水平的发展。简述如下:

第一个环节:老师做好指导,学生课前自学。学生课前的自学,需要在教师的指导下进行,尤其是刚开始上翻转课堂时更需如此。

教师的指导可以以学习指导单或学习任务单等书面形式，也可以以口头指导的形式。指导的内容主要是帮助学生明确学习目标、学习内容，建议学习的方式方法，提供需要课前完成的作业等。学生在教师的指导或引导下，进行自学，达到对知识的识记、理解，并进行初步探究，如完成进阶作业，总结收获，提出问题等。

可以说，课前教学的成效决定着翻转课堂教学质量的高低。课前学生自学到位，课堂上的教学会更有针对性，师生交流也会更深入。如果学生课前自学不到位，课堂上教师的教学很可能还是按照以往的模式进行，诚如一些中小学教师所言："学生课前自学不到位，课堂上就翻转不过来。"

第二个环节：教师进行学情分析与二次备课。教师在上课前需尽可能充分地把握学生学习的情况，哪些学生已经全部掌握了所学内容，哪些学生对哪些内容没有掌握。对于该学习主题，学生提出了什么困惑和问题，其他同学进行了怎样的回答和反映。这是翻转课堂教学的第二个环节，也是上好翻转课堂非常重要的环节，但实践中常被教师忽视。只有充分把握了学情，课堂中的教学才更具有针对性，才能真正提升课堂教学效益，提升课堂教学质量。

上述两个环节，都是在课堂教学之前完成的。这两个环节的教学，直接影响着课堂中教与学的质量。因而，保障学生课前学习的质量，充分把握学情，是成功实施翻转课堂教学的关键。

基于学生课前自学，教师在充分把握学情的基础上，需再次设计与调整课堂内的教学内容、教学重点、教学策略或组织形式，也就是"二次备课"。"二次备课"是相对于之前教师上翻转课堂进行的"整体备课"而言的，是在掌握学生课前学习情况的基础上对课堂教学的再调整、再设计。

第三个环节:课堂中有针对性地教与学。一般而言,课堂中的教学,是在学生课前学情的基础上展开的。在课前教学的基础上,课堂教学要让每个学生在原有的基础上都有提升和发展。对于学生课前没有学会的内容,教师需进行针对性地重点讲解,即精讲;对于学生提出、同学解决不了的问题,老师帮助解答,即解疑;对于学生没有意识到的重点或难点,教师给予提醒或激疑;需要提升和升华之处,教师帮助提升。因而,翻转后的课堂,需要充分利用师生、生生面对面交流的情景,进行深层次的互动与研讨,激发学生的深度思维。显然,这对教师的专业素养和课堂驾驭能力提出了更高的要求。

翻转课堂教学三个环节之间的关系如下图所示:

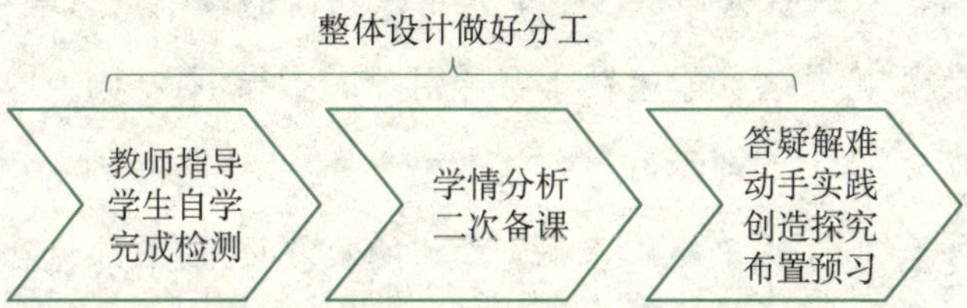


**翻转课堂教学三个环节之间的关系图**

## 55. 不同学科上翻转课时有什么特殊的要求?

不同的学科有着不同的特点和要求。教师需结合学科特点和学生学习需要,在各学科各学段灵活运用翻转教学模式,详述如下①:

(1) 人文课:课前阅读,课堂讨论

语文、历史、政治、社会等人文类学科,因具有一定的事实性、思想性和较强的现实针对性,具有史论结合的特点。因而,上翻转课堂时,围绕教学目标,教师将学生个人难以获得的教学资料或史料,制成教学微视频,或者让学生在学习导引单的指导下,在网上收集相关资料和视频,进行课前学习与思考。

课堂上,师生讨论交流前一天学习的收获与困惑,深化和拓展对文本的认识和理解,发展学生的辩证思维能力和逻辑表达能力。就学习形式而言,可以组织学生辩论,演讲,或以模拟法庭的形式进行交流研讨,需要写作的,也可以让学生进行更多的写作练习,并分析和讨论他们的作品。

(2) 数学课:概念理解,思维深化

数学课的教学主要是让学生在概念理解和问题解决过程中培养其逻辑思维能力和数学核心素养。翻转课堂模式下的数学教学,教师将对基本概念或原理的讲解录制成教学微视频,让学生自主学习,

① 本部分参考了 Jonathan Bergmann, Aaron Sams. Flip your Classroom: reach every student in every class every day [M]. lth ed. Eugene: International Socicty for Tednology in Education, 2012: pp. 48 - 50.

完成并提交进阶作业。

课堂上，通过师生交流，帮助学生深入理解基本概念，矫正进阶作业中出现的问题。并在此基础上进行综合练习，拓展深化。课堂结束前，需对学生要掌握的基本概念和技能进行当堂检测，然后给予个别反馈与指导。学有余力的学生有机会挑战自我，从事更加复杂的数学理解和应用。

(3) 科学课：实验为主，探寻规律

一般而言，翻转课堂模式下的科学课教学，也是在课前观看微视频的基础上，学生在课堂上从事更具探究式的活动和进行更深入的科学实验。需要说明是，科学课因本身具有较强的探究性，需突出强调实验或探究的过程。因而，可采用课前学习视频上的知识点，课堂上进行探究和实验的方式。如果课前观看微视频，会影响到学生主动探究的过程，影响到学生好奇心的激发与保护等，则不必一定要课前学习微视频。教师可根据学习进程的需要，在课堂上先让学生进行讨论、实验、探究，学生遇到困惑之时，再在课堂上播放教学微视频进行相应讲解，也是切实可行的。不管课堂形式如何，都要服务于该学科主题的教学，服务于学生的主动学习和积极学习，而不是相反。

(4) 外语课：语言积累，应用练习

外语课注重的是学生听说读写的语言练习，在练习和运用中提高学生的语言素养。上好外语课的翻转课堂，教师需要在教学目标和学习引导单的帮助下，预先录制好相应的语法点、词汇点、对话背景、阅读指导等事实性知识，供学生课前学习。

课堂上，学生有更多的时间和机会练习和应用语言，比如用外语对话、阅读、写故事等，以此提升学生语言学习的主动性和有效性，让课堂学习变得更有趣。课堂结束前，可以作练习题的方式，也可以是写短文或角色表演的方式，就学生必需掌握的知识和技能，当堂检测。教师及时进行诊断，给予反馈指导等。

(5) 技艺课：讲解演示，练习掌握

体育、音乐、美术、书法以及劳动技术课等学科教学共同的特点是知识讲解和技能演示紧密结合。课前录制的教学微视频可以让老师围绕技能操作的要点进行讲解，并做出相应技能技巧的演示。并且，观看视频中的技能操作或演示，会比学生在班级教学中看到的更为清晰，没有看清的地方可以暂停或重播，这是课堂上进行技能演示时所不具备的优势。

课堂上，学生在视频学习的基础上，就有更多的时间进行技能练习，教师则可以对每个学生练习的情况进行更多个性化的矫正和指导。当然，课堂上在操作练习的过程中，如果需要重新观看教学视频，也随时可以播放，让学生仔细观看。

(6) 项目课：准备知识，实践探索

在美国林地公园高中，翻转掌握教学与研究性学习或者基于项目的学习(Project Based Learning)也能结合起来。基于项目的学习是由兴趣和问题驱动学生探索现实世界的学习方式。不过这个过程也需要学生有相应的知识储备。在这种情况下，是让全班学生先坐下来听老师讲解相关知识和注意事项，还是创建视频让需要的学生随时查询和学习，就成了老师们的选择。如果选择后者，准备充足的学生可以直接开始他们的项目，而准备不足的学生可以在过程中按需学习。

上述是不同学科实施翻转教学模式需把握的基本原则，具体到每堂课该如何上，教师需根据实际需要灵活处理。

## 56. 语文阅读课的翻转课堂教学该怎样上?

要回答阅读课的翻转课堂教学该如何上,首先需要看看语文课程标准对语文阅读课的教学有哪些要求和建议。

### (一) 语文课程标准对阅读教学的要求和建议

2011 年全国义务教育语文课程标准规定,语文课程是一门学习语言文字运用的综合性、实践性课程,致力于培养学生的语言文字运用能力,提升学生的综合素养。工具性和人文性相统一,是语文课程的基本性质。高中语文课程应进一步提高学生的语文素养,使学生具有较强的语文应用能力和一定的语文审美能力、探究能力,形成良好的思想道德素质和科学文化素质,为学生的终生学习和有个性的发展奠定基础。在语文教学中,学生是学习的主体,教师是语文学习的组织者和引导者。语文教学应在师生平等对话的过程中进行,并整体考虑语文知识与能力、过程与方法、情感态度和价值观的有机融合。

语文教学主要分为识字、阅读、写作、综合实践活动等内容,其中阅读是学生语文素养养成的重要途径,是运用语言文字获取信息、认识世界、发展思维、获得审美体验的重要途径。在阅读教学中,课程标准明确提出,阅读是学生个性化的行为,教学中要加强对阅读方法的指导,珍视学生的独特感受。阅读教学中,应加强对学生阅读的指导、引领和点拨,但不应以教师的分析代替学生的阅读实践。教师要善于引导学生通过合作学习解决阅读中遇到的问题，但也要防止以集体讨论代替个人阅读。高中语文课程，进一步强调了语文的应用性特征，对阅读教学的建议则更加强调了充分关注学生阅读态度的主动性、阅读需求的多样性、阅读心理的独特性，应鼓励学生敢于批判质疑，在讨论中发表不同意见，要尊重学生个人的见解。

从上述课程标准对阅读课教学的建议和要求可知，在阅读教学中，语文课程标准突出强调学生个体进行阅读，并在阅读中深入思考，独立表达自己的阅读体验、感受和观点。教师是阅读教学的组织者和引导者，要加强对阅读方法的指导，鼓励学生主动阅读，尊重学生个人的见解。不以自己的讲解代替学生的体验，不以集体讨论代替个人阅读。

### (二) 我国语文教学的优秀传统

我国语文教学有着悠久的历史，也积累了丰富的经验，这些好的做法和经验依然值得今天的教师再借鉴，再思考。

胡适曾在《中学的国文教学》一文中指出国文教学的方法如下：[①]

(1) 指定分量，由学生自修，讲堂上只有讨论，不用讲解。注入式的教授，自不容于当代的新潮流。教员在讲堂上，除了补充和讨论以外，实在没有讲解的必要。

(2) 用演说、辩论作语文的实用教授法。语文既然是一种活的文学，就应当用活的言语作活的教授法。演说、辩论……都是活的教授法，都能帮助国语教学的。我可以说："长于演说的人一定能做很好的文章，辩论家也是这样。"

① 胡适. 中学的国文教学[EB/OL]. (2006－10－29) http://blog.163.com/dwf_222/blog/static/22338102006929113309l9/,2014/9/6.

除此之外，胡适还专门指出了古文的教学法：

(1) 教员分配分量，学生自去预备。

(2) 讲堂上没有逐篇逐句讲解的必要，只有质疑问难、大家讨论两项事可做。

(3) 教员除解答疑难、引导讨论外，可以随时加入参考的材料。

著名作家、教育家叶圣陶对语文教学提出过诸多见解，诸如："要使学生尽量自求了解，在没法彻底了解的时候，教师才给他们说明、订正、补充，不作逐字逐句的机械讲解。[①] "讲，是为了用不着讲""教，是为了用不着教"是叶老留给教育界较为知名的论点。

"施教之功，贵在引路""文章自得方为贵"。近年来在语文教育教学研究界造诣颇深的钱梦龙先生主张的"导读式"教学法，是基于"学生为主体，教师为主导，训练为主线"的理论基础，以"自读"、"教读"、"复读"为基本模式的教学法；清华大学附属小学校长窦桂梅老师提出的"自学讨论式阅读教学"，同样强调了学生作为学习主体先学、教师作为主导者进行助学的功能。

这些优秀的语文教育传统，其共同思想是突出以学生为主体的阅读、思考、演说、写作，教师对学生的阅读进行指导、支持和帮助，这都和翻转课堂教学的思想不谋而合。在当前信息技术的支持下，翻转课堂更好地利用了网络信息技术提供的便利，更加便于学生资料的收集和阅读的展开。

### (三) 先读后导：语文课翻转课堂教学的优势与实施建议

无论是语文课程标准中规定的阅读教学的要求，还是我国优良

---

① 叶圣陶. 叶圣陶语文教育论集[M]. 北京：人民教育出版社，1980：202.

成都七中初中学校语文课翻转课堂教学观摩研讨

的阅读教学传统，都强调了学生为主体的先行阅读、教师作为引导者的帮助和答疑的功能。显然，在信息技术环境支持下，翻转课堂教学对提升阅读课的教学效益提供了重要帮助。

针对语文阅读课，我们提出了“先读后导，培育学生人文情怀”的教育教学模式。具体而言，“先读后导”的阅读课翻转课堂教学模式是指：学生课前学习教学微视频，按照教学视频中的阅读建议和要求，自主阅读课文，疏通字词义，理解文本内涵，并在条件允许的情况下拓展阅读其他资料，总结阅读感受，提出阅读过程中的困惑和疑问；课堂上，师生一起答疑解难，在讨论交流中深化理解文本，强化个人阅读理解感悟，促进学生精神成长，培育学生人文情怀。

实践中，“先读后导”的翻转课堂教学模式实施的基本环节如下：

(1) 课前视频指导、自主阅读

课前学习是翻转课堂实施成功的基础，在阅读课的翻转课堂教学中，课前学习同样非常重要。通过 8—10 分钟左右的视频，教师可讲解文本写作的背景、作者的人生经历、文本写作时作者的处境等，

南京游府西街小学语文课翻转课堂教学观摩研讨

对文中的重点、难点给予讲解，帮助学生深化对文本的理解；同时提出关于阅读文本所应注意的事项和方法，提出在阅读过程中所应思考的问题；在此基础上提供相关的拓展阅读材料。在视频学习的基础上，学生自主阅读文本，疏通字词义，梳理文本大意，总结收获与感受，提出问题或困惑。

尤为需要注意的是，在阅读课的翻转课堂教学中，学生课前的自主学习包括两个方面，一是视频的学习，二是文本的阅读，尤其是文本的阅读，更是必不可少。如果因有了视频的教与学，学生就不再深入阅读文本，则是课前教学的失败。理想的情况是，学生看了视频的讲解与指导，更有深入阅读文本的兴趣和动力，而视频的教学是帮助学生更全面深入地理解文本。因而，课前自学时文本的阅读必不可少。

(2) 交流收获与感受，进行课的导入

翻转后的阅读课堂教学上，第一个环节便是组织学生交流课前视频学习和文本阅读的收获与感受，可先在小组内交流，每个同学都可以和小组同学谈谈自己的收获与感受，以及阅读过程中遇到的困难与问题;在此基础上小组代表向全班同学汇报课前自主学习的收获与感受。

该环节的教学花费的时间可长可短,如果学生处于较低学段如小学生或初中生,或者学生学习能力比较弱,学习基础不够好,该环节可占据较长时间,学生以谈阅读的收获、想法为主,并解决在阅读过程中遇到的生字词等难关。如果学生学习基础比较好,学习能力比较强,那么该环节需要的时间可缩短。教师可在学生基本理解文本内涵的基础上,直接进入下一个环节。

(3) 提出并解答阅读中遇到的问题或困惑

这是阅读课翻转课堂教学中的重要环节。围绕文本的阅读,教师鼓励学生提出各种问题,既可以是学生课前学习过程中提出的问题,也可以是在上课的过程中生成的问题。在提出问题后,可先由同学尝试回答,同学回答不出或不妥的地方,教师帮助解决。学生学段较高或学习能力较强的班级,翻转的课堂上主要围绕学习中提出的问题展开交流与研讨。这也是翻转后的阅读课教学很容易出彩的地方,学生因有了事前的阅读、理解和思考,课堂上积极发表见解,相互激疑,思维活跃,氛围热烈。

(4) 深化理解、升华主题

在深入理解文本内容,把握文本内涵与意义的基础上,可结合现实的问题或围绕一个主题,组织学生深入讨论,展开辩论,或让学生通过角色扮演的形式再现文本场景,或组织学生进行公开演讲,活学活用。当然,对于文本的理解,学生在发表个人观点和意见的基础上,教师恰当地引导、适度地提炼和升华,更有利于阅读教学中学生的情感、态度、价值观的培养。

翻转课堂阅读课教学的思路基本如上,按照该思路上阅读的翻转课堂,学生学习效益高,自觉性强。当然,针对不同的学生,不同的教学目标，不同的文本，教师需灵活应对，不拘泥于上述各环节的教学。诚如吕叔湘先生曾指出："语文教学关键在一个活字。"他还说："成功的教师之所以成功，是因为他们把课讲活了。如果说一种教学法是一把钥匙，那么在各种教学法之上还有一把总钥匙，它的名字叫做'活'。"①

**（四）激疑导学，倾听点评：阅读课翻转课堂中教师的角色定位**

在阅读课的翻转课堂教学中，因需要提醒的教学事项在微视频中已经作了讲解与指导，学生课前自主学习了文本，那么，在课堂上，教师无需再串讲文本，更为重要的则是检查学生学习的情况、阅读理解的收获，和学生一起解决阅读过程中遇到的问题，如字词句的理解问题，核心思想的理解问题等。因而教师真正的角色则是课堂教学的组织者、学生发言的倾听者和点评者、学生问题的解答者，同时还是学习问题的提出者。尤为需要注意的是，语文阅读课的翻转课堂教学过程中，教师不能将自己对文本的理解强加给学生，需尊重学生个体对文本的解读。诚如叶圣陶先生所言："我看做教师的，最好是当学生的顾问。学生遇到弄不懂的问题，再顾而问之。但是顾问也不能跟学生一辈子。学生有了自学能力，就不必用顾问了。这就是'教是为了不需要教'"。

同时，需要注意的是，虽然鼓励学生自主地谈收获与感受，鼓励学生生成新的问题，但是文本阅读的教学还是需要紧扣文本本身，不能偏离主题过远。在学生讨论交流偏离主题时，教师依然是学习过程的重要引导者。学生的讨论还是要围绕文本展开，在透彻理解文本的基础上进行，而不是偏离主题地无限拓展。对此，叶圣陶也有自

① 吕叔湘. 关键在于一个"活"字[EB/OL]. http://chinese.cersp.com/sJdcd/sJyjd/200701/3225.html(1991-07-28)[2007-01-23]

己的主张，他认为教师教语文，是引导学生练习看书作文的本领，主要帮助学生透彻理解课文。而所谓透彻理解，须反复玩味课文，由字句章节而通观全篇。作者的思路，文章的脉络，都宜求之于本文，不宜舍本文而他求。[①]

以上是有关语文阅读课如何更好地借助信息技术，上好翻转课堂教学的思路与建议。我们鼓励教师在实践过程中因时因地因人制宜，灵活运用，创造丰富的阅读课的翻转课堂教学的经验。

银川实验小学英语课翻转课堂教学观摩研讨

① 叶圣陶.叶圣陶语文教育论集[M].北京：人民教育出版社，1980:717—718.

## 57. 数学课的翻转课堂教学该如何上?

同样,数学的翻转课堂教学该怎么上,首先需要看看数学课的基本性质和数学课教学的基本要求。

### (一) 数学课程标准对数学学科性质和教学的规定与要求

义务教育阶段的数学课程标准规定,数学课作为一门研究空间形式和数量关系的科学,要培养学生的抽象思维能力和逻辑推理能力。课程内容的组织要重视过程,处理好过程与结果的关系。数学课的教学应以学生认知发展水平和已有的经验为基础,面向全体,注重启发和因材施教。高中阶段的数学教学更加强调对数学本质的认识等。

因而,对核心概念、基本数量关系的深刻理解,是数学学习的关键和基础。学生对核心概念、公理、定理等不能理解,就不会有真正的数学学习。这里的理解,是指学生本人在头脑中真正想通了、弄明白了知识之间的脉络,"逻辑上本是如此",而不是一知半解,更不是简单地记住。也只有在深刻理解核心概念的基础上,学生才有可能在具体情景中正确运用概念。也是基于同样的理由,萨尔曼·可汗提出了"基于概念"的学习,即只有学生对学习过程中的每个基础概念理解了,才会继续后面的学习。如果其中有一个概念不理解,那么在其后的概念学习中就有可能造成更大的困惑,影响后续的学习。只有回到最初不理解的概念上再次学习,直到弄懂了,后面的概念学习才有可能继续下去。

在信息技术的支持下，课前的视频和其他资料的学习，可以让学生以自主的学习节奏掌握基本的概念，完成进阶作业时可以线上或当面求助同学或老师的帮助。课堂上，师生共同解决学生自己不能解决的问题，最终达到对所学内容的深刻理解与掌握。

我们把这种数学课的上课方式称作“问题主导，理解掌握”的翻转课堂教学模式，因而，决定数学翻转课堂教学质量的重要因素有两项：一是课前以问题为引导的视频讲解；二是课堂中以问题为主导的教学活动组织。这里主要深入分析课堂当中的问题导学，即如何充分呈现并有效解决学生数学学习中的问题。

### （二）“问题主导，理解掌握”数学翻转课堂教学的基本环节

翻转后以问题为主导的数学课的课堂教学上，一般而言，有如下

上海市一师附小数学课翻转课堂教学观摩研讨

几个基本环节：

（1）总结收获，梳理知识

课堂一开始，围绕着前一天视频学习的内容，组织学生交流视频学习的收获，梳理总结知识要点。交流的形式可以先是小组内交流、小组代表全班汇报，老师总结梳理；也可以是几位学生面向全班汇报学习收获，老师做好梳理、引导和总结。通过该环节，师生一起对所学知识进行总结、梳理，明确学习的重点和教学目标。

需要注意的是，这里的总结收获、知识梳理，以学生的发言汇报为主，教师做好记录与板书即可。如果学生汇报总结不全面或者不到位，可以多找几个同学汇报交流，老师也可以适当提示和引导。这个环节切忌以老师的讲解代替学生的汇报交流。以学生的汇报交流为主，可以检测学生视频学习的效果，及时发现学生理解过程中的问题，并让学生意识到在以后的学习中，课前必须学习老师布置的视频和资料，否则课堂上无法参与该项教学活动，无法跟上教学节奏；如果这个环节还是以教师讲解为主，一是会重复课前视频学习的环节，使课前的自主学习失去了其意义和价值；二是会让学生认为，课堂上老师照样会对基本内容进行系统讲解，久而久之，学生就不会进行课前学习，也失去了翻转课堂的重要价值，即课前学习的自主性与个性化。

（2）呈现问题，理解掌握

在总结梳理视频学习收获的基础上，翻转课堂就开始进入下一个重要的环节，即充分呈现学生学习中遇到的问题，并给予有效解决。只有一个一个的问题呈现了、解决了，学生才有真正的学习。总体而言，学生在数学翻转课堂学习中遇到的问题主要有五大类，分别是：

① 视频学习中遇到的问题。学生没有充分理解视频中讲解的基

上海民办丽英小学数学课翻转课堂教学观摩研讨

本概念、基本思路，或者对于视频学习有其他质疑或疑问。如果学生反复看视频，还是不能理解其中的某些概念、数量关系、解题思路，这是比较大的问题。对于这些问题，务必通过教师精讲，师生、生生讨论，从而使学生充分理解基本概念与原理，否则，教学难以有效进行。

② 进阶作业中出现的问题。一般而言，学生在视频学习的过程中或是视频学习结束时，为了检测学生是否理解了视频中的基本内容，教师会出几个检测性的作业题，让学生完成。所以，学生进阶作业中呈现的问题或错误，可以反映出学生是由于没有理解所学内容造成的，还是做作业不细心导致的，等等。解决学生进阶作业中呈现问题的过程，也是旨在进一步梳理知识和深化概念理解。

解决了上述两方面的问题，学生对学习内容或主题就有了较为充分的理解和把握，基础知识和技能也就基本夯实了。

③ 综合练习中呈现的问题。在理解所学内容的基础上，课堂上师生还需进一步对概念学习及其应用进行拓展深化、巩固提高。这

时教师往往会当堂呈现综合性更强、难度更高的作业题，先让学生独立完成。完成后，学生讲解完成的思路和方法，并呈现、解决综合练习完成过程中遇到的问题。综合练习因牵涉到概念的复杂应用，对学生学习的考察也是多方面的，呈现的问题也更为综合，有时学生所暴露的问题可能不是本节课学习遇到的问题，此时教师应灵活把握如何处理这些问题，是让学生课后继续探究，还是告知学生以后会有专门的时间来讨论该问题。

④ 师生/生生交流中生成的问题。翻转的课堂上，生生、师生交流的时间和机会大大增加，在讲解解题思路与方法过程中，学生随时可以提出自己不明白的地方，或者是自己有疑问之处，通过师生共同想办法解决。

⑤ 教师有意提出的问题。在一节课中，学习的重点、难点或是易错点、易混淆点等，如果没有被学生发现和提出，教师就要在适当之处进行质疑、点拨，把这些问题提示出来，引起学生的关注，共同思考并解决。

围绕一个学习主题，从视频学习、进阶作业、当堂练习、课堂交流等各个环节中，学生、教师把可能的问题一一提出，并由师生一起解决了，弄明白了，那么，学生对该主题就会有深刻而又全面的理解，日后可以自如地运用到各种情景中去。通常该环节会花费课堂教学25—30分钟的时间，会占据课堂教学时间总量的2/3左右。

(3) 课堂检测，个性拓展

课堂教学结束前，围绕本节课的学习主题，师生一起进行课堂小结，小结可以是检测单的形式让学生当堂完成一个或几个检测题；也可以是师生一起总结学习收获所学的要点，或是让学生画出本节课内相关内容的思维导图，即本节课学了哪几个知识点，知识点与知识点之间的关系是什么，这是发展学生高级思维能力的过程，也是发展学生学习元认知的良好途径。在此基础上，教师提示学习的重点、难点和易错点，并针对学习兴趣浓、学习能力强的少数学生，提供进一步学习材料、时间和机会等。

### （三）问题主导翻转课堂教学中需要重视的几个方面

实践表明，问题主导的数学翻转课堂教学中，需注意以下几个方面：

（1）教学氛围宽松，学生不害怕暴露问题。不管是课前，还是课堂中，教学氛围都轻松愉悦，学生有问题就敢于表达出来，不会担心自己提出的问题过于简单而遭到同学和老师的嘲笑等。只有如此，才能充分暴露学生学习中所遇到的各种问题。学生的问题，可以以口头形式直接提出，也可以书面的形式来呈现。

（2）学生为主解决问题。学生呈现的问题，先由学生帮助解决，学生解决不了的再由教师讲解，充分发挥学习过程中学生主体的地位。

（3）问题不一定都得到解答。翻转的课堂上，由于学生事先进行了预习，是有备而来，因而课堂上可能会提出各种各样的问题。对于这些问题，有的当堂可以解决，有的当堂并不能得到解决。一方面，由于课堂教学时间有限，有学生提出的问题或许离本节课学习主题较远，对此，可以鼓励学生课下一起深入探究。另一方面，互联网时代，学生信息的来源渠道不比教师少，教师不知道的事情学生会知道，而且可能会知道得更多，教师也不是全能之人，时间、精力有限，术业有专攻，因而学生提出的问题教师回答不上来是很正常的事。对此，教师不必紧张，也无须担忧，而应视之为常态。当然，我们鼓励教师深入钻研学科知识，不断提升学科素养，尽可能地解答学生提出的问题。

南京金陵中学数学课翻转课堂教学观摩研讨

上海市金山区第二实验小学数学课翻转课堂教学观摩研讨

## 58. 物理课的翻转课堂教学该如何上?

### (一)物理课程标准对物理学科的性质和教学的规定和要求

义务教育阶段的物理课程,是以提升学生的科学素养为目标的自然科学基础课程;义务教育阶段的物理教学,不仅注重学生物理知识的获得与技能的提升,更应注重学生学习兴趣的激发,以及探究能力和创新意识等科学精神的培养。应注重让学生经历实验探究过程,在实验探究中学习科学知识与科学方法,提高分析问题和解决问题的能力。

这些规定和要求为物理课的教学提供了重要指导和参照。在物理教学中,注重从学生周围的生活现象出发,引出物理学习的主题,通过实验探究,得出相关结论,总结出内在的规律,并能在生活中加以分析和应用。遵循该教学思路,师生通过慕课加翻转课堂的教与学的形式,可以更好地提升物理教学的效益,提升物理课堂教学的质量。

具体而言,物理课的翻转课堂教学,可以采取"实验探究、鼓励发现"的教学思路或教学模式。即借助于慕课学习平台和课堂教学,让学生在直接或间接地从事科学实验探究的过程中,达到对物理原理的理解,并能利用物理原理分析和解决相应的实际问题。

### (二)"实验探究、鼓励发现"翻转课堂教学实施的思路和环节

实践和研究发现,"实验探究、鼓励发现"的物理课翻转课堂教

南京游府西街小学科学课翻转课堂教学观摩研讨

学，可以遵循下述思路和环节：

（1）生活现象引入，激发探究兴趣

对初学者而言，物理学中的有些原理较为抽象，不易把握。这就要求物理课的教学需从学生生活中的物理现象入手，引发学生学习的兴趣，激发学生探究物理现象的好奇心。物理课课程标准也要求，物理学教学要从生活走向物理。比如山东师范大学第二附属中学盖家祥老师在教学大气压强时，在回顾总结视频学习之后，给学生展示生活中各种利用大气压强的例子，如贴在玻璃墙壁或冰箱上的“橡皮挂钩”；易拉罐中的空气受热蒸发后，再将易拉罐密封，易拉罐就被压扁等现象。这时让学生思考其中的原理，学生就很容易理解大气压强确实是存在的。

上述有些物理现象可以在课堂中当堂演示，而有些现象则不便在课堂上演示，这时就可以充分利用视频的优势，通过视频呈现各种物理现象，如宏观的天体现象、微观的原子分子以及不便观测的电磁感应等，以丰富学生对物理现象的感知，为原理探究奠定基础。

山东师大第二附属中学物理课翻转课堂教学观摩研讨

(2) 开展实验探究,解析物理原理

“不愤不启、不悱不发”,是教学需遵循的重要原则。在学生观察了物理现象、充满好奇与疑问之时,此时引发学生思考,分析现象背后的原理和规律,是深入探究的最佳时机。该部分的教学是翻转后物理课堂教学的重心,会花费课堂教学大部分时间。相比较传统的课堂教学模式,翻转后的物理课堂教学可以腾出更多的时间让师生一起进行实验探究,这也是物理课翻转课堂教学最为突出的优势所在。

需要注意的是,中小学物理教学的实验探究,需要遵循科学实验的一般步骤,如发现问题,提出假设,观察与收集证据,证实或证伪假设和得出结论,并在实验过程中养成科学精神、科学态度,为后续的研究奠定良好的基础。

物理课堂上的实验可以是学生亲自来做,边做实验、边观察、边记录,进而得出结论,而教师则提供帮助和支持。此时,教师则需要及时提醒学生实验的规范和安全事项。实验也可以由教师来做,学生观察，进而得出结论。就基础教育阶段而言，课堂教学中得出的结论，多数是前辈科学家经过长期周密的实验得出的结论，所进行的实验则更多地是让学生初步体验科学研究的过程；当然也有学生在实验过程中会有新的发现，此时，教师须对学生的新发现、新见解、新方法等及时给予鼓励和表扬，营造鼓励发现和创新的氛围。

(3) 更多探究应用，深化巩固掌握

在理解原理和规律的基础上，为深化对规律的认识，翻转后的课堂教学内，教师会进一步呈现更多的实验探究，让学生深化理解物理原理或基本概念。在深化理解的基础上，再呈现更综合的应用情景，引导学生在解决实际问题的过程中更为牢固地把握规律。

基于我国在学业测试中较为重视纸笔测试的现状，实践中不少教师非常重视该环节的教学，即呈现生活中可能遇到的多种情景，让学生反复练习和应用所学习的物理原理。但是需要把握的是，该环节的教学是建立在第二环节教学的基础上的，只有学生充分地理解了现象背后的原理及其内在规律，运用时才会得心应手。

(4) 及时总结检测，服务个性需求

同样，在翻转的物理课堂上，课堂教学结束前，为了检测学生对原理的把握，对实验探究过程的体验，会有检测性的测试题目或者课堂小结，以检测与总结本节课的课堂教学成效。对于有特殊学习需求者，如还未掌握概念者或者对该主题探究特别有兴趣者，教师再通过其他途径提供特殊支持与帮助。

### (三)“实验探究、鼓励发现”物理课翻转课堂教学需注意的事项

实践与研究表明，上好物理课的翻转课堂教学，需要注意如下几个方面：

(1) 心中有学生

物理教学中，不管是课前的视频教学，还是翻转后的课堂教学，均需从学生可能遇到的情景出发，从学生学习的角度引入案例。问题尽可能让学生提出，并由学生尝试解答。实验尽可能由学生来做，教师更多地是引导、支持和帮助。

(2) 心中有生活

物理课程标准也规定，物理教学要从生活走向物理。围绕一个学习的主题，尽可能多地展现生活中的案例与现象，丰富学生的感官认识，增强学生的体验，激发学生探究的好奇与兴趣，便于学生更好地理解现象背后复杂的原理与规律。

(3) 心中有学科

各门学科都是从不同的角度来解释纷繁复杂的社会和自然现象，任课教师需明确本学科的本质特点与教学要求，以及本门学科区别于其他学科的不同之处。就物理教学而言，在呈现尽可能多的物理现象的同时，教师需和学生一起进行规范的实验探究，探寻现象背后的原理，引导学生解释出原理与原理之间的关系。教师对原理的讲解做到重点到位、难点突出、易错点清晰。

(4) 心中有目标

教学目标规定了学习结束时学生学习的状态，它是监测教学进展，矫正教学方法的重要参照点。教学时心中有目标，便于提高课堂教学效益，只有一个一个的目标都实现了，才能最终实现学生学习的目的。

### (四) 学生为主体的实验探究——物理课翻转课堂需要重视的课题

物理学科是一门实验为基础的自然科学，基础教育阶段的物理教学旨在提升学生的科学素养。因而，物理课实验的探究，物理现象背后原理的揭示，均需充分考虑以学生为主体。各种物理现象的呈现可以在课堂中，也可以在微视频中，但是探究的过程，即揭示“为什么如此”的过程，须有学生的积极主动参与，以学生为主体进行实验探究，而非教师直接讲述结论，忽视了实验探究的过程。并且在实验探究的过程中，教师需时刻提醒学生要遵循科学实验的步骤和规范，养成科学探究的精神和习惯。教师要鼓励学生的新发现、新创意、新思考，容许学生犯错，鼓励学生提出问题和疑惑，虽然这些问题可能课堂内不能完全得以解决。

相反，如果在视频教学或课堂教学上，教师直接将物理原理或结论告知了学生，弱化了学生探究的过程，那么就有损于物理学科教学的本质，课堂大可以不翻转。须知，任何现代信息技术手段的使用，都是为了更好地服务主题的教学，服务于学生的学习，而不是弱化学科教学的本质，有损于学生主体的探究。

## 59. 翻转后的课堂教学流程为什么难以完全预设?

上翻转课堂的课,课堂不再以“教师的讲”为主要的教学活动了。我们都有所感受,如果课堂上以老师的讲解为主,这样的课堂可控性很强,且有很强的预设性。教师做到怎么设计好自己的讲解即可。而翻转后的课堂,是以学生学习活动的展开为主的,教师的主要角色是答疑解难、引导点拨、辅导支持。尽管通过学习平台或者是其他方式,老师可以检测到学生课前学习的情况,对学生的学情有比较充分的了解。然而,来到课堂上,学生对学习内容的理解和思考的程度是不一样的,维度也是多样的,每个学生对进一步学习的需求也是不一样的。所以,翻转后的课堂教学中,在夯实了基础知识和基本技能的基础上,如何满足学生个性化的学习需求,解答学生遇到的不同的问题,的确考验着老师的课堂教学能力、组织管理能力和课堂驾驭能力等。这样的课堂,教师的确很难进行过多地预设,尤其是在研究性学习和项目学习的课堂上,更是如此。学生个性化的学习需求越强,学生的创造性和探究性发挥得越好,就越不需要老师过多的预设。反而预设过多,课堂教学要按照老师的设计来进行,就比较容易压抑学生的个性,泯灭学生的创造性,难以实现学生自主学习的目标。

比如,在 2014 年春的一次翻转课堂展示会上,一位高中一年级的数学教师,在让学生观看了基本不等式的多种解法后,让学生自由讨论。一位学生不满足教材中展示的分析法、综合法与比较法这三种解法,提出了以数形结合的方法证明基本不等式,在老师鼓励下,该同学顺利地完成了求证的过程。然而，令人意想不到的是，另一同学又提出，能否将基本不等式加以推广：由两个数的算术平均值大于等于两个数的几何平均值推广到任意个数。

结果，全班同学都证明不了，老师当场也证明不了。这一场景表明：这堂课完全是随机生成的，并非是教师将每一环节都预设好的。这堂课反而受到了观课教师的广泛好评。

当然，课堂上很难完全预设，也不是说教师就不进行课堂教学的设计。对于课堂教学的主要任务、重点，主要形式和方法等，还是需要教师提前进行设计的。所以，这就对教师提出了较高的要求，对翻转后的课堂教学，既要进行预设，上课时又不能完全按照预设来进行，而是要根据学生课堂上的学习状态和反应来展开。这的确考验着每一位老师。与此理念相似，上海市复兴高级中学在校内的课堂教学改革中，提出了“高结构设计、低结构实施”的思路和策略，即老师提前对课堂教学进行详细的思考和设计，但是来到课堂上，课堂教学流程的展开，却不一定完全按照教师的设计来进行，而主要是根据学生学习的状态来展开。

第八部分

# 翻转课堂的实施效果

## 60. 好的翻转课堂应该有哪些特点？

国内外的课堂实践表明，无论是何种科目的翻转课堂，理想的翻转课堂有如下几项突出特征：

(1) 学生积极主动的学习状态

由于学生课前学习了特定的知识点，为此，或写出了总结，或完成了作业题，或遇到了困惑，因而对课堂上即将进行的疑难解答、小组研讨、个人展示等，充满了期待与好奇。学生是带着浓厚的兴趣、主动探究的意愿进入课堂教学的，而不是消极被动，等待着教师的讲授，或者干脆对课堂教学无所谓。

学生以主动学习的状态进入课堂教学，对保障课堂上的学习成效有重要价值。研究认知目标分类体系的著名学者布卢姆认为，对于特定知识点的学习，学生的认知准备状态和情感准备状态决定着学习的效果。在翻转课堂教学模式下，学生有着较为充足的时间学习教学微视频以及其他资料，掌握相关的知识内容，可以为课堂上的学习做好认知准备。认知准备做好了，学生对即将到来的课堂教学，就比较容易有积极的情绪与情感。反之，如果没有做好认知准备，也很难有积极的情感和态度。

(2) 个体指导为主的教学风格

相对于传统的课堂，在翻转课堂上，教师的教学行为发生了明显变化，其中一个突出的表现就是，教师面向全班的讲解大大减少了，而对学生小组或者个体的单独指导增多了。因为，基于课前的视频和课本学习，每个学生遇到了不同的问题。而在线的监控和诊断系统可以让教师及时把握每个学生的学习进展。在这种情况下，面对有差异的群体，教师只能是以个体或以小组为单位的指导，这会占据课堂上大部分的时间，这也是翻转课堂教师教学的主要形式，即课堂答疑、问题解决、发展学生的高级思维等。而面向全班学生的讲解，则主要是用来解决学生面临的共同的问题，占据的时间和比例并不太多。诚如西方开展翻转课堂教学实验的教师所感受的那样：在翻转的课堂上，教师从以往的"讲师"转变成了学生的"教练"，从"讲台上的圣人"转变为学生"身边的辅导者"。"教师的表现虽然不那么凸显了，但是教师的作用却更加重要了。"

**济南文化东路小学美术课翻转课堂教学观摩研讨**

(3) 师生、生生之间的有效互动

孩子天生都有表现和展示自我的需求。翻转课堂模式下，学生更容易做好学习准备，包括认知的准备和情感的准备。在对课堂教学做好了充分准备的情况下，学生在课堂上表现积极活跃，或展示自己的所学，或解答他人的问题，或提出新的问题，师生、生生之间的交流互动更多,也更为深入和广泛,学生的体验更加丰富和深刻,提出的问题也更多,并且学生时不时会提出预想不到的生成性问题,有时老师会觉得难以招架,应付不了。其实,这是翻转课堂教学的理想状态。

(4) 课堂教学多维目标的达成

基于课前学习,学生清楚自己的问题和困惑,甚至有的学生通过自学已经可以达到课堂教学的目标。而学习过程中遇到问题的学生,可以先在小组内,通过小组的帮助来解决,如果小组解决不了,教师进行单独辅导。在学生做作业遇到困惑的时候,教师就在他们的身边,有利于问题的解决。因而,翻转的课堂上,最后一个环节的课堂检测部分,能够确保绝大多数学生达到了本节学习的目标。这也即是布卢姆研究证实的,在掌握学习模式或个性化辅导教学模式下,90%以上的学生都可以达到掌握的要求。这与国内外不少学校实施慕课学习和翻转课堂实践结果相符合,在翻转课堂的兴起地美国林地公园高中、克林顿戴尔高中(Clinton Dale High School)①以及拜伦高中(Byron High School)等②,翻转课堂之所以受到关注和认可,主要是因为该模式提升了学生的学业成绩。而对于那些自学视频就可以达标的同学,课堂上则有更多的机会发展高级思维,从事更具探究性的项目学习等。教师也更有时间对其进行个性化指导,尤其是发展学生的兴趣爱好、特长天赋等。

① Kathleen Fulton. The Flipped Classroom: Transforming Education at Byron High School [J]. Digital Schools, 2012(4):18 - 21.

② Brenda Alvarez. Flipping the classroom: Homework in Class, Lessons at home [J]. Education Digest, 2012(4):18 - 22.

## 61. 翻转课堂在美国中小学实施后效果如何?

近两三年来,翻转课堂在美国已产生较大影响,美国中小学教师对翻转课堂的热情持续升高。2012 年,在美国圣地亚哥举行的国际技术教育协会年会上,凡是有关"翻转课堂"主题的会场,都是场场爆满。很多学校已经在着手尝试这种新型的教学模式,并取得了一定的教育成效。虽然到目前为止还没有严格的实验证据,但一些来自实验学校的报告说明,这种学习模式确实提高了学生的学习热情、改善了学生的学习行为和学业成绩。这里我们举几个例子。

美国密西根州有一所学校一克林顿戴尔中学,全校四分之三的学生来自低收入家庭,学业成绩很差,问题学生多,学习失败的比例高达百分之三十。2010 年,在该校校长格雷格·格林的积极带领下,这所学校先在新生年级尝试翻转课堂,后在全校所有学科推广。在 TechSmith 公司的帮助下,教师们掌握了 Camtasia Relay 的屏幕录像技术,把课堂中需要讲授的内容通过剪辑、编辑和配音,记录下电脑屏幕的内容,制作成教学视频,让学生在家观看,一边看还一边记下不懂的问题。不仅如此,学校还让学生利用 Youtube 这样的视频网站平台,寻找网上优秀的视频资源用于课前学习,用校长的话说就是让"全世界的专家都能为我们的学生学习提供帮助"。到了课堂上,教师重点放在讲授学生有疑惑的问题,留出更多时间巩固练习,特别是对学习困难的学生进行辅导帮助。针对部分学生家中上网有困难,学校还延长了学校机房开放的时间。学校努力打造个性化的学习环境，一年实践下来，收到了非常好的效果，很多学生的学业成绩提高了30%—35%，不及格率大大降低，升学率、出勤率都有显著提升，更多的后进生通过了州标准化考试。不仅如此，学生的学习习惯、品德行为等方面也有显著改善，挫败感减少、自信心增强，违纪事件大幅减少。违纪事件由2009年的736起减少到2010年的249起，继而又下降到2011年的187起，两年下降了74%。实施翻转课堂以前，学校每年要接到家长200多个抱怨电话，抱怨孩子在家学习得不到帮助，学习受挫。实施翻转课堂一年后，学校只接到了7个电话，家长谈话的内容也发生了改变，由抱怨变为希望学校更多地给予孩子一对一的教学指导。学校本来是底特律声誉最差的学校之一，借助于翻转课堂改变了外界对其的评价。

再譬如明尼苏达州的拜伦中学(Byron High School)。2006年，这所学校能通过州数学综合能力测评(Minnesota Comprehensive Assessments)的学生不到三分之一(29.9%)，加上学校财力紧张，整个学校的发展处于低迷状态。2009年，该校数学组教师开始尝试翻转课堂，结果教师们高兴地发现，学生学数学的热情增强了，学习效果超出了教师的预期。到2011年，接近四分之三(73.8%)的学生通过了州数学测试，比三年前提升了一倍多。又过了一年到了2012年，86.6%的学生数学成绩达到5分制的4分或4+以上。由于学生学习成绩突出，学校进步显著，这所学校2010年被授予“全美蓝带学校”(National Blue Ribbon School)。这是美国中小学中一个最高的办学成就荣誉奖，每年由美国教育部评定授予。蓝带学校授予的过程十分复杂，先由各州考察提名，报送联邦教育部，再由教育部全国审查小组实地审查，最后由教育部宣布获选名单，全美每年平均只有3.9%的学校可以进入蓝带学校之列。蓝带学校就像是一面锦旗，学校能获得该奖项是非常自豪和荣耀的事，就像是我国的一流重点中学一样，蓝带学校的校长要亲自去华盛顿参加颁奖仪式。和普通学校相比，蓝带学校教学质量高，学生学习风气浓厚，学校教师水平也高。由此可见，翻转课堂教学对这所学校的发展起到了决定性的作用。

再如，2011 年秋季，美国明尼苏达州斯蒂尔沃区包括 10 个小学班级、2 个初中班级和 1 个高中班级在内的多所学校参与了翻转课堂的试点教学，教师们为每次数学课准备了 7 到 12 分钟的在线视频，学生需先在家看完这些视频教学，然后回到课堂上，学生在老师和同伴的帮助下完成作业和开展讨论。一段时间后，发现学生对这样一种学习方式有很高的接受度，学习兴趣显著提升，学业成绩也得到提高。不仅如此，参与试验的大多数教师都表示不愿再回到传统的教学方式，且家长也很满意这种形式的教学。在加州洛斯拉图斯学区，课堂上老师使用可汗学院视频进行混合教学，翻转了课堂，使得七年级学生的数学成绩得到大幅提高，有 41%学生达到“先进”或“精通”水平，同比增长 23%。

除了以上学校外，汇总媒体的相关报道，另外还有明尼苏达州斯蒂尔沃特市石桥小学、马里兰州波托马克市的布里斯学校、密歇根州的东大急流城高中、得克萨斯州达拉斯地区的生活学校、卓伊·柯凯隆私立学校、加州河畔联合学区等等，实施翻转课堂后都取得了明显的效果。这些学校中有小学，有初中，也有高中；有公立学校，也有私立学校；除了普通学校外，还有职业学校。这说明翻转式课堂教学对各个年段、各种类型的学校教育都可适用。

2012 年，最初实施翻转课堂教学的林地公园中学老师伯格曼和亚伦还建立了一个非营利的翻转学习网站（Flipped Learning Network），专门给有兴趣的教师提供翻转课堂的知识、技能和相关资源等。目前该网站获得了美国皮尔逊教育公司和乔治麦森大学的共同支持，对翻转课堂进行了更为全面深入的研究。在相关的交流平台上，老师们一起交流研讨实施翻转课堂的情况。2012 年初，网站上共有 2 500 位老师注册，截至目前，有超过 16 000 个老师在线交流讨论，并且每月老师注册、参与交流的规模都在增加。

根据美国对翻转课堂的研究，凡是采用翻转课堂教学的学校都发生了积极可喜的变化。第一个变化是学生对学习感兴趣了，喜欢学习了，对学习的责任感增加了，觉得不是老师要我学，而是我要学。第二个变化是课堂中师生互动增加了，因为课堂讲解内容放到课外通过视频事先学习，所以课堂上师生互动时间多了(这一点我们也有很深体会。从去年到今年，我们华东师大慕课中心在深圳、济南、南京、镇江、常州、青岛等地举行过多次翻转课堂教学观摩活动，这些学校开了多节翻转课堂示范课，从课堂上可以看到，老师有很多时间和学生一起讨论，师生互动时间大大增加)。第三个变化是学生成绩有了明显提高，一些学校之所以愿意尝试翻转课堂教学，是因为发现其效果不错，学生的学习成绩能有所提高，负担也没有那么重。再有一个变化是教师体验以后再也不愿回到原来的课堂。凡是体验过翻转课堂的老师都有一个体会，都认为这种教学模式很好，不愿再回到传统的教学。此外，家长对这样一种教学模式也给予高度的认可和支持。

就美国媒体而言，对于翻转课堂，从我们搜集到的材料来看，评价都很高。前年年底，纽约时报刊登了一篇文章，作者是斯坦福大学的教授，他认为翻转课堂技术支撑下的教学新形态，可能是自文艺复兴以来教师授课模式的一次重大的变革。加拿大的著名报纸《环球邮报》也曾刊登出一篇文章，文章中作者回忆了课堂教学技术从公元前 2400 年一直到现在出现的一些变革，说 2011 年教育技术的重大变革就是翻转课堂。类似的评论文章还有很多，大都对这样一种教学形式持积极肯定的态度。

为什么翻转课堂在美国受到欢迎，我们想可能主要是以下这两个原因：一是长期以来，美国人对自己的教育制度不满意，认为美国的学校教育质量低，学生考试成绩差，辍学率高，因此迫切希望出现一种行之有效的教学新模式。而翻转课堂的出现，恰好满足了这样一种愿望。二是随着现代信息技术的迅猛发展，在线网络学习越来越普遍，网络视频的课程也越来越丰富多样，不仅涉及哲学、历史等文科领域，而且扩展至数学、物理、生物、经济学等领域，此外各种学习终端也不断完善，使移动式学习成为可能，这也在客观上为翻转课堂教学模式的创立提供了技术条件。可以说，翻转课堂的实验，再一次证实了，虽然技术不是教育的一切，但技术的发展、变革，确实能带来教育形态的巨大变革。

## 62. 除美国之外，其他国家的中小学在推进翻转课堂方面进展如何？

根据我们所看到的材料，自翻转课堂在美国基础教育领域试行以来，加拿大、新加坡、澳大利亚等国家的一些学校也开始在不同程度上推进这种教学模式。下面简单介绍一下这方面的情况：

(1) 加拿大：深度实践，由点及面

加拿大 B.C. 省在慕课与翻转课堂的实施中有较多较早的探索，该省吉隆纳市的奥卡那根中学（Okanagan Mission Secondary School）是该领域的先锋者。该校有两个老师，一个是教数学的格拉哈姆·约翰逊(Graham Johnson)，另一个是教了 20 多年生物的卡罗琳·多莉(Carolyn Durley)，他们于 2011—2012 学年开始让学生尝试翻转课堂，让学生课前自由地学习视频，为课上的学习做好前期准备；课堂上，更多的时间用来探究、手工操作、解决疑难等。这种教学形式受到了学生和家长的高度欢迎。学生表示课前学习微视频，课堂上讨论，可以学得更多，也有更多机会得到老师的帮助和指导。两位老师的尝试也得到了同仁的认同。2012 年 6 月份，奥卡那根中学举办了一场翻转课堂教学研讨会，本来预计有 40—50 人参加，但实际来了 100 多人，多数是来自奥卡那根学校附近的老师。会后，很多老师也开始尝试使用翻转课堂。与此同时，该校从事翻转课堂的老师还建设起了翻转课堂网站(http://www.canflip.ca/)，让有兴趣的老师一起交流和研讨。

(2) 新加坡：政府倡导，成效显著

在慕课应用于基础教育方面，新加坡中小学有着较多的尝试，这和政府的大力推动有着密切关系。早在1997年，新加坡教育部就开始致力于技术与教育的结合，并制定出三步走的教育规划即“大师蓝图”。“大师蓝图”第三步的目标在于让学生能迅速转型，成为自主的学习者，翻转课堂学习就是其一重要举措。从2013年开始到2018年止，新加坡政府为基础教育阶段的学生制定了一个“地平线项目”，旨在提升学生的信息素养，翻转课堂也是地平线项目的一个内容。2013年9月25日，新加坡教育部长王杰瑞，做了一个题为“学生中心、价值驱动的教育：为终身学习奠定宽厚基础”的工作报告，报告对信息技术推动翻转课堂教学模式改革给予了充分肯定和认可。

在政府和教育行政部门的大力推动下，翻转课堂模式正被新加坡大中小学广泛采用。新加坡国立大学附属数理高中(NUS High School of Math and Sciences)是最早从事翻转课堂的学校之一。实施翻转课堂模式一个学年后的调查发现，90%的学生非常喜欢翻转课堂的学习形式，他们认为录制的课程对于课前预习和课后复习帮助极大。新加坡裕廊景中学的李嘉昌校长因从事翻转课堂教学模式探索，于2013年获得了教育界的最高荣誉奖“李光耀奖”。另一位在翻转课堂设计和探索方面有较多尝试的英华小学的许上羽校长则于2013年获得了“王惠卿博士奖”。

在新加坡云锦中学(Spectra Secondary School)，全校都采用了翻转的模式上课。面对家长的担心，学生的疑问，学校先从建立信任文化开始，把平板电脑交给学生。虽然刚开始实施，积极成效已经凸显，如其中一学生所言：“过去我做功课遇到问题时，不知道要找谁帮助。可是在这里，我们的功课是在班上一起讨论并完成的，这就解决了我的难题。”

(3) 澳大利亚:大中学联手,共同推动

澳大利亚的昆士兰大学(University of Quensland)和昆士兰州立高中在翻转课堂的研究和实践方面有着浓厚的兴趣,围绕着"什么是慕课学习和翻转课堂"、"为什么要采用这种形式"、"如何开始使用"等问题作了系统研究,在研究中他们指出:翻转课堂的目的是为了让学生从被动学习转向更加主动地学习,让学生能够有更多的时间发展更高级的思维,如布卢姆目标分类学中的分析、综合与评价等。

在昆士兰州的一所州立高中,老师们总结出翻转课堂的优势有:学生提前学习知识;学生反思先学的知识,便于确认课堂上重点学习什么;可以和教师沟通学习进度,让教师的指导更具针对性;课堂上,通过回答问题发展高级思维;教师引导学生学习,直到学生证明他们已经掌握了这些概念;学生独立地思考。与此同时,他们也总结出实施翻转课堂需要注意的方面:学生课前学习时,最好能够得到辅导;清楚阐明课前学习的目标和内容,以便课堂上学得更有意义和价值;课堂上学生有不同的学习任务,因而对课堂管理的要求更高;对老师的教育素养要求更高,教师需要设计、引导和管理学生的学习。

## 63. 翻转课堂对我国中小学的课程改革有什么意义?

中国中小学的课程改革,已经走过了十多年的路程。十多年来,我们看到,课改已经取得不少成效:课改理念已被大多数教师接受,大部分学校在完成国家规定课程的同时,开设了富有特色的地方课程和校本课程。课改理念所倡导的"知识与技能"目标、"过程与方法"目标、"情感态度与价值观"的三维目标也在逐步得到落实。总结这十多年的课程改革,我们觉得也许可以分成以下三个阶段。

第一阶段,努力打造探究式课堂。课改刚刚兴起时,我们面对的是这样一种课堂教学局面:教师处于极其强势和中心的地位,上课时依据自己设计的"教学路线图",滴水不漏地完成整个教学过程。至于在课堂上学生的独立思考、互动探究、生成问题、大胆提问等等,基本不被重视,更难以看到差异教学、分层进行等个别化教学的踪影。很多接受能力弱、学习基础差的学生,课堂上基本处于边缘状态。面对这一状况,课改之初的重心主要放在营造探究式学习的课堂上。因此,当时大力倡导课堂上各种形式的互动、体验、探究,凸显学生的地位,破除教师为中心的课堂。一段时间下来,课堂的确发生了一些变化:学生思维活跃了,有了一定独立的思考空间。然而与此同时也出现另一个问题:课堂时间就那么多,在有限的时间内,既要系统讲授,又要让学生探究,这几乎是不可能兼顾的。因为讲授的时间多一点,探究的时间就少一点了,探究的时间多了,老师会担心系统讲授的空间被压缩了。在现行的考试制度面前,教师通常不敢轻视系统讲授,教师们的担心也不是没有道理。于是我们经常看到,尽管课改的目标强调探究式学习,然而在很多课堂实践上,所谓的探究只是作为陪衬,或是被用来作为一种上公开课的点缀。这种形式大于内容的改革,差不多成为学校和教师彼此心照不宣的惯例。

课改进入第二阶段,为了改变课堂中教师讲授与学生探究之间的矛盾,我们看到出现了以山东杜郎口中学为代表的"先学后教"模式。通过导学案,把原本课堂上教师系统讲授的部分移到课前,让学生预先学习。在很多地方,导学案被赋予各种名称,如讲学稿、预习单、学习指导单等等。不管怎么称呼,其本质一样,先自学老师安排的文本材料,然后带着自学收获进入课堂,这样课堂上学生就有更多时间展示、分享和探究。一时间以导学案为代表的先学后教模式在我国风靡一时,学生的主动学习、个性化学习有了一定的推进,学生的自学能力也得到了一定程度的培养。

但是在推进先学后教的过程中,不少教师又发现,导学案的引入有其局限:它是文本式材料,不生动形象,学习所占用的时间长,也无法永久保存,更无法经常性的回溯复习。最关键的是,基于文本材料基础之上的导学案,没有充分利用日益发展的现代信息技术的巨大优势。对于大部分学生来说,完成一份教师精心设计的导学案,与完成一份不得不应对的繁重作业没什么区别。学生的学习兴趣也没有得到真正激发,整体的学习负担也并没有因此减轻。如何进一步提高学生的自主学习兴趣,真正实现减负增效的目标,就成了进一步推进课改的一个迫切需要解决的问题。

或许现在课改可以看作进入了第三阶段。随着信息技术的日益发展,特别是互联网的普及和各种学习终端的出现,出现了翻转课堂教学的教学形式。翻转课堂使得我们在统一要求、统一进度的班级授课制度之下,也能适当兼顾到学生的个别差异,开展个性化的学习。相对于导学案的学习方式，翻转课堂充分利用了现代信息技术发展的成果。教师精心制作的学习视频，形象生动，短小精悍，知识点突出，还能资源共享，反复播放，永久保存。不仅如此，翻转课堂倒逼教师改变一讲到底、只有预设没有生成的教学行为模式。学生看了视频以后，教师该怎么讲、怎么教，真正做到以学定教，这对广大教师来说，确实是一个极大挑战。原先的预设课堂，现在有了更多的生成，逼着老师更重视学情分析，更有针对性地进行讲解、辅导。

当然，作为一种新生事物，翻转课堂毕竟只是处于刚刚起步的阶段，还有很多问题有待研究。如翻转的课堂教学到底应该如何进行，是不是所有学科都能“翻转式”教学等。然而不管怎样，借助于信息技术的强大推动力，我们相信，我国中小学的课程改革一定会跨上一个新的台阶，真正实现新课改最初设计时所期望的培育一代新人的目标。

**银川市中小学慕课建设和翻转课堂教学观摩研讨会**

## 64. 翻转课堂教学在我国中小学取得了哪些成效?

从2013年8月到2014年12月，华东师范大学慕课中心向正在实施慕课和翻转课堂教学的中小学进行了问卷调查和座谈访谈，调查表明，翻转课堂教学在我国中小学实施的成效主要表现在如下几个方面：

(1) 学生认知水平的提升

慕课加翻转课堂的教学方式，对学生认知水平的提升，或者说对学生学业成绩的提升，主要是通过校内每周、每月的学业水平测试的成绩及各种形成性评价的结果来体现的。刚开始试行慕课加翻转课堂教学方式时，不少学校和老师采用了实验班和常规班对照的方式，根据前测和后测的对比来检测该教学方式对学生学业成绩的影响。这些对比实验中，有的是学科老师针对一个知识点或一个知识模块，在一个班级采用慕课加翻转课堂的形式，另一个班级按照常规的教学方式，在一个知识点或一个知识模块学完之后，对比两个班级学生的成绩异同；有的是规模更大、范围更广的做法，如有的学校将一个年级的8个班分成两大组，4个班按照常规的方式教学，4个班借助信息技术等学习平台，给学生配备平板电脑，架构网络环境，采用慕课加翻转课堂的形式教学。多数学校刚开始试行时，会在一个年级的2—3个班级内尝试慕课加翻转课堂的教学形式。

不管是上述哪一种形式的尝试和实验，根据前测和一系列后测的对比，在学生起点和其他学习条件相似的情况下，慕课加翻转课堂的教学，对学生学业成绩的影响是相当积极的，有的老师的实验效果好一些，实验班学生的学业成绩显著高于常规班的教学，如北京的两所知名高中和初中。这些效果在各个学段、各个学科均有表现；也有老师反映，实验班的学业成绩高于常规班但不显著。

(2) 学生学习过程与方法的改善

学校教育，不仅仅要让学生“学会”，更要教会学生“会学”。只有学生会学了，学生才能自主地学、可持续地学，真正让教学从以教师的教为主转向以学生的学为主，突出其在学习过程中的主体地位。学生一旦“会学”了，对多数学生而言，“学会”就不会是太大的问题。这也是课程标准中非常重视对学生学习过程与方法培养的目的所在。本课题组把学生的学习过程与方法这一指标又细分为：学生学习自主性的培养，学习成就感和愉悦感的提升，教师的指导是否更具针对性等几个方面。慕课加翻转课堂的教学方式，对学生学习过程与方法方面改善的成效，也主要体现在这几个方面，详述如下：

① 学习自主性的增强。学习自主性是指学生个体能够根据学习目标的要求，找到自己在知识能力方面的差距，并主动调整自己的学习策略和努力程度，以达到学习目标的学习动机和行为。学习自主性强的学生，无论是在学校还是以后走向社会，其成长和发展多数都是挺好的。而自主性不强的学生，即使非常聪明，其学习和发展也很难得到保障。在以往的教学模式下，学生长期处于被“喂养”状态，学生在校、在家的每个时间段都被安排满了，学习比较被动，学习敷衍现象也较严重，学生的自主性没有得到应有的发展。因而，刚开始实施慕课与翻转课堂学习时，学生学习不自主、不自觉是老师和家长们最为担心、也是反映最多的问题。

但是，学生学习的自主性是需要培养的。经过一段时间的慕课学习与翻转课堂的实践后，学生自主学习能力的增强，也是老师们最为认同的。

② 学习成就感与愉悦感的提升。美国教育学者布卢姆认为，决定学生学习效果与学习可持续性的因素主要有两大类：一是学生的认知准备，即通常而言的学习基础；二是学生的情感准备，即学生是否愿意学习新的知识，是否有积极的情感、自信的态度和足够的内驱力。

只有做好了这两种准备，学习效果才可能会好，学习才具有可持续性。因而，教学过程不仅要关注学生的认知状态，还要关注学生的情感态度。积极愉悦的情感对于保障学习效果有重要价值。在翻转课堂教学实施的过程中，"学生喜欢这样的教学方式"，是师生的共同反映。访谈过程中发现，有些学校班级的试行翻转课堂后，期盼上翻转课堂成为学生共同的心声。

③ 教师教学更具针对性

教师因对学生课前自主学习的情况进行了分析，因而更加掌握学生学习的情况，课堂上师生的指导更具有针对性，交流更加深入。事实也证实了这一点，在从事翻转课堂教学过程中，教师更加了解学生学习中的困惑，能够提供更有针对性的指导。学生与学生之间交流合作的机会更多，也更深入。

(3) 综合素质的发展

翻转课堂上，课前学生在教师的指导下自学了基础知识，课堂上教师能腾出更多的时间解决疑难，发展学生多方面的综合素质，如培养学生的思维能力、动手实践能力、表达能力以及小组合作能力等，事实也证实如此。

第一，思维能力的发展。翻转课堂教学过程中，围绕一个学习专题,因学生有了课前自主的学习,有了对事实的基本把握和理解,所以无论是课前线上的交流,还是课堂上面对面的研讨,学生都会思考得更深入,更全面,视野和思路也更加开阔,这是老师和学生共同的反映。随着翻转课堂教学的时间的推进,学生思维的深度、广度,学生的批判性思维、辩证性思维以及思维的独特性与创新性等都会得到不同程度的发展。"学生的问题更多了","学生思考得更深入了"是上翻转课堂的老师经常提及的现象。

第二,动手实践能力的提升。翻转课堂的教学设计是基础知识、基本概念在课前通过微视频教学完成,课堂上留出更多的时间,师生一起运用所学知识解决问题,或者是进行更多动手的实践和实验,探究创造等。即课前的主要任务是知识的理解,课堂上主要是知识的运用、分析、评价和创造。

第三,表达能力、合作能力的增强。翻转课堂上,学生有了更多交流、表达、合作完成学习任务的时间和机会,在知识技能夯实的基础上,学生的口头表达能力、合作能力也在逐步得以培育和发展。实践表明,翻转课堂上,平时一些不大发言的学生也有了发言的机会和自信,对学生的改变非常之大。甚至在济南的一所学校,自闭症儿童在翻转课堂上也敢于和同学交流了。

(4) 特殊儿童的发展

在C20联盟学校推行近两年的慕课学习与翻转课堂教学方式的过程中,学校取得的意外的惊喜与收获就是,普通班级中的特殊儿童在该教学方式中改变很大,这些改变既有学业成绩方面的,也有人际交往方面的。如济南一所小学的自闭症儿童、广东中山一小学的多动症儿童、温州一初中学校的弱智儿童等等,都发生了显著的改变。这样的案例不仅发生在国内,在国外也发现了类似的案例。尽管是不多的案例，但是其背后是有规律可循的，一方面因为教学微视频提供了多元的学习刺激，有声音、文字、图像、动画等，比单一的教材上的文字更容易刺激特殊儿童的学习感官，同时教学微视频解放了学生学习的时间和空间，可以让这些孩子在家长的帮助下随时随地学习；另一方面，课堂上有了更多的交流时间，这些孩子因自学了相关知识，在课堂上更有信心发言了，也更有机会与同学和老师交流了。这样的学习方式不仅仅是对特殊儿童的学习有帮助，对传统评价方式下所谓“差生”的学习，亦有同样的帮助和辅导。

(5) 教师专业素养的提升

在中小学，教师是慕课建设和翻转课堂的直接实施者。其实，这一实践过程也是成就和解放教师的过程。主要表现在如下几个方面：

第一，教师学科素养和信息素养的提升。制作教学微视频，首先要求教师系统把握学科的知识图谱，一个学年（期）的一门学科有多少个知识点，各知识点之间的相互关系是什么等。只有老师清楚把握了这些知识图谱，才能确保教学微视频的制作服务于教学所需。诚如济南文化东路小学的教师王永超说：“课堂教学模式的改变，对自己提出了更高的要求。在制作微视频和备课的同时，要深挖教材，对于本节课的重点难点要做到熟记于心，设计有层次和梯度的练习，尽可能地估计学生可能会出现的问题。”杭州十四中的邱锋校长谈到：“年轻教师在制作教学微视频的过程中，他们会对一个知识点的相关教学资源充分研究与吸收后，才进行录制，这个过程就是青年教师专业素养提升的过程。”

第二，教师工作更具价值。利用信息技术，在学习平台上，通过特定的软件分析系统，教师能够很快把握每一位学生的作业完成情况，还大大减少了以往教师用在批改作业方面的时间，尤其是像选择题和填空题这些机械批改的作业，深受一线教师欢迎。如有老师谈到："以往没有太多时间和学生进行深度的交流，现在批改作业节省出的时间，则可以对学生进行个性化、有意义的指导。"微视频资源也可以减轻教师重复讲解的负担。如深圳南山实验教育集团的一位美术老师教八个班，原来一个内容要画八遍，现在有了前置视频，上课就轻松多了。

第三，课堂管理能力的提升。学生课前先行学习微视频，基本完成对学科知识点的理解、领会和记忆。翻转后的课堂上，学生有更多发言和展示的机会，他们会提出许多个性化的、意想不到的问题，把老师当场问倒的情景也不时出现，课堂的生成性更强了。这显然对教师驾驭课堂教学的能力有了更高的要求。

与此同时，每个学生课前学习的基础不同，遇到的困难不同，教师就不能按照以往的模式面向全班统一讲解了，而是需要四周巡视教室，走到学生身边，根据每个(组)学生学习的情况，有针对性地对其进行指导和帮助，这也是对教师课堂管理能力的挑战。

## 65. 翻转课堂教学能使学生的学业成绩有较大的提升吗？在我国中小学是否有这样的实例？

这确是一个不少校长和教师都非常关心的问题。翻转课堂在国外之所以引起大家的关注，首先是因为该教学模式大幅度提升了学生的学业成绩，改善了学生的纪律。美国的林地公园高中、克林顿戴尔高中、拜伦高中等就是典型的案例。克林顿戴尔高中是一所底特律的郊区学校，2010 年开始在新入学的学生中实施翻转模式，一个学年下来，学生英语成绩的不及格率从 52%降到了 19%，数学不及格率从 44%降到了 13%，科学的不及格率从 41%降低到了 19%。拜伦高中通过使用慕课和翻转课堂学习提升教学质量的过程，又被称为是“灰姑娘的故事”。2010 年，学校的数学学科开始采用微视频与翻转课堂的形式来教学。经过一年的努力，学生的学习兴趣得以极大提升，学习动机明显增强，学生学习水平得以提升。拜伦高中通过州数学测试的学生比例，从 2006 年的 29.9%提高到了 2011 年的 73.8%，高考(ACT)时的数学平均成绩从 21.2 进步到24.5。该校因在数学成绩方面的表现在去年获得了 Intel 的“卓越学校奖(School of Distinction)”。

在我国，从最初实施翻转课堂教学的重庆聚奎中学算起，实施翻转课堂教学已经 3 年的时间，这段时期内，该教学模式改善学生学业成绩的案例也比比皆是。不少老师的微实验是这样做的：同一个老师教授两个相似的班级，一个班级按照传统的课堂教学模式来上，一个班级按照翻转课堂教学的模式来上，一段时间后，对比检测两个班级的教学成效。上海市金山区第二实验小学的数学学科，南京游府西街小学的语文学科和数学学科，济南文化东路小学的数学学科，苏州国际外语学校的数学学科，深圳南山实验教育集团的数学学科和物理学科，上海实验学校东校的数学学科，清华大学附中的物理学科，青岛二中的语文学科，江苏木渎高级中学地理学科等，这些老师都通过一定的实验表明，翻转课堂教学模式取得了优异的成绩。重庆聚奎中学自 2012 年开始实验的两个班级，今年第一次参加高考，成绩喜人。三年前江津区前 1 200 名中没有一个该学校的学生，今年高考有 15 名学生进入区前 50 名。两个试验班级一本上线人数分别是 47 人和 48 人，是去年的二倍多。马鞍山二十二中，一本达线 24 人(2014 年为 7 人)，二本以上达线 75 人(2014 年为 61 人)，是市区省示范高中中一本、二本达线人数唯一增加的学校。

在我们看来，在信息技术的支持下，学校上微课和翻转课堂，其主要目的和追求，不仅仅是提升学生的学业成绩，更主要的是在该教学模式下，学生个性化的学习需求能够得到满足，学生的学习更加自主，更加积极主动。让教学更具个性化和针对性，改善班级授课制背景下学生的个性化教育问题。切实减轻教师不必要的负担，解放教师，让教师工作更加有意义。能够让机器做的事情，交给机器来做，教师就能节省出时间和学生进行深入交流，进行个性化指导。

与此同时，我们期望并相信，实施该教学模式，能够更好地发展学生的高层次认知能力，培养学生的综合素质，为少数拔尖创新人才的成长提供支持和帮助。因为，在该教学模式下，学生利用课前自学的时间，在互联网的支持下，自主完成知识的理解和识记；课堂上在师生交流的过程中，在教师的当面指导下，发展学生运用知识的能力，分析问题的能力，创造性解决问题的能力等多方面的综合素养。对于少数拔尖创新人才，该教学模式更能让其有自主学习的时间和空间。

虽然不少实践已经表明，该教学模式对提升学生学业成绩有明显的效果。但是，如果老师期望一旦实施该教学模式，学生学业成绩马上就能提升，这也是不客观的。毕竟，学生学业成绩的提升受制于诸多因素，翻转课堂教学模式只是其中一个要素，虽然是很重要的一个要素。还有，刚开始实施翻转课堂时，学生成绩有少许的下滑，也是可能的。对此，教师也不必惊慌。这很可能是因为短时间内老师和学生对该教学模式还不是非常适应所导致的结果。对于传统的课堂教学模式，老师、学生都非常适应，刚开始实行慕课加翻转课堂教学，不仅老师不太适应，学生也可能不太适应，会出现比如学生课前

**上海市奉贤中学分享慕课建设和翻转课堂教学经验**

自学不到位等问题。在这个适应新模式的过程中,学业成绩少许的下滑是可以理解的,也是可以接受的。一旦学生和老师适应了该教学模式,其教学成绩的提升几乎是可以肯定的。所以,老师们可以大胆尝试,及时总结分析,不断研究原因,提升质量。

# 第九部分

# 数字化时代的教师专业成长

## 66. 现代信息技术的发展对教育产生了什么样的影响?

人类历史以及教育史上,生产工具始终是推动生产力的重要要素。就教育而言,印刷术的发明,使得书本的发行成为可能,这为扩大受教育规模,提升教育效率提供了保障和支持。黑板、粉笔、白板等教育工具,对方便教育的落实,提升教育的效益,都提供了重要帮助。

社会发展到了今天,较之于以往,信息技术是当今最为突出的特点。信息技术已经影响到了我们生活的方方面面,如我们的通讯方式、工作方式、人与人交流的方式等等,信息技术已经改变了这些领域。

很显然,在这样一个时代,信息技术改变了人们的学习方式,也改善了教育教学方式,这也是教育变革的必然趋势之一。然而,如何利用信息技术更好地服务于教育教学,提升教育教学效益,我们的探索还远远不如其他领域,教育成了“最后一块待开垦的领地”。

这方面,我们赞同美国前教育部部长邓肯的观点。2011 年 9 月,美国联邦教育部部长邓肯再次提出著名的“乔布斯之问”:为什么在教育领域信息技术的投入很大,却没有产生像在生产和流通领域那样显著的效果呢? 邓肯认为,原因在于“教育没有发生结构性的改变”。只有信息技术的影响和教育结构的变革产生良好的结合,信息技术提升教育教学效益才可能成为现实。

我国教育研究者和实践者陶西平也认为,信息技术应用于教育所产生的教学模式甚至学校形态的改变，将会成为本世纪教育方面最大的变革。并且陶先生指出：信息技术在教育领域的应用可分为三个阶段：工具与技术的改变、教学模式的改变以及最终可能产生的学校形态的改变。

很显然，当前信息技术对教育的影响，还处于第二个阶段，即教学模式的改变。当前信息技术对教育的影响已经超越了第一个阶段，即工具与技术的改变，比如PPT、电子白板、一体机等工具与技术的应用，现在必须走向第二个阶段，即和教育模式或教学流程的再造有机融合。只有这样，才可能带来教育效益的提高。当然，信息技术在教育领域的应用最终会走向第三个阶段，即学校形态的改变。

## 67. 有了微视频，是不是不需要老师了？

有老师在疑问，实施翻转课堂教学，有了微视频对知识点的精确讲解，是不是就不再需要老师了，还是降低了对老师的要求？

其实，任何形式的教育教学改革，要想取得成功，教师都是最为关键的要素，慕课和翻转课堂教学也不例外。不管是微视频的制作，还是上好翻转后的课堂教学，教师都是最为重要的要素。

影响教学微视频制作质量的因素有多种，其中教师的学科素养、教学素养是决定性因素。教师的教学目标清晰、思路清楚、设计到位、讲解生动，都是影响视频质量的重要要素。

如果说课前的视频教学主要解决学生知识的理解和识记等低层次认知阶段的学习，那么翻转后的课堂教学上的主要任务就是教师和学生一起解决疑难、完成作业，促进知识的应用、分析、综合，发展学生的创造力，培养学生的综合素质，让每个学生在原有的基础上都有所发展，这些都对教师提出了更高的要求。无论是教师的学科素养、教育教学素养、班级管理能力和学生沟通的艺术等，都在影响着翻转课堂教学的质量。

当然，相比较于以往常规的课堂，翻转课堂上，教师发挥作用的形式不一样了，其主要任务不是讲解知识，不再是“讲台上的圣人”，而是教师走到学生身边，激疑解惑、组织引导、支持辅导、点评总结等。教师的角色看起来好像不那么重要了，但恰恰是更加重要了，教师的主要任务从“如何教给学生知识”转变成了“如何更好地促进学生的学”，真正地落实学生学习主体的地位。

## 68. 实施慕课和翻转课堂教学，对教师的素质提出了哪些要求？

不论何种模式、何种形态的教育教学，要取得预期的、理想的成效，教师都是最为关键的因素。信息技术背景下的慕课和翻转课堂教学也不例外，课前微课的学习重在知识的理解和识记，而翻转后的课堂教学任务，从以往注重知识的识记和理解转向了注重知识的应用、分析、评价与创造等，注重学生综合素质的培养。显然这对教师提出了更高的要求，教师的学科素养、教育教学素养、信息技术素养、教育智慧和艺术等共同决定了翻转课堂教学的质量和效益。

(1) 教师的学科素养

教师对学科本质的理解与把握，既是做好教学微视频的基础，也是上好翻转课堂教学的基础。在视频制作方面，华东师大慕课中心提出了教师做教学微视频的“低门槛、易制作、高质量”的原则。做好教学微视频，的确需要教师具备一定的信息技术素养，例如用录屏软件录制教学微视频时，需要下载、安装软件，录制视频后还要进行简单的编辑等。但是在熟悉了信息技术的基础上，决定视频制作质量高低的则是教师的学科素养，是教师对学科本质的把握，是教师对视频教学的设计。诚如有教师所言：“不能指望学科素养差的老师制作出高质量的微课。”

此外，上翻转课堂时，由于学生自主学习的时间比较充分，在对基础知识和事实有了基本把握的基础上，学生会提出各种各样的问题，有些问题，教师可以较为从容地回答，而有些问题，教师不见得能够很好地及时回答。当然，在翻转课堂上教师并不需要对学生的问题一一加以详细地解答，留些问题让学生自己思考，是促进学生创新精神与能力的重要举措，教师不直接回答或者教师当场回答不了，这都不是问题的关键所在。问题的关键是教师要善于引导，这其实是对教师学科素养更大的考验。

(2) 教师的教育教学素养

如前所言，翻转后的课堂教学内，教师的角色从“讲台上的圣人”变成了“学生身边的指导者”。做好对学生的有效指导，让每个学生在原有的基础上都有所发展，这是一项更为复杂、更具挑战性的任务。与此同时，翻转后的课堂教学还要发展学生的高级思维能力、创造能力，培养学生的综合素质，还要重视学生的探究活动，重视对学习内容的拓展。所以翻转后的课堂教学内，做好对学生的引导、激发、帮助，是翻转课堂教学成功的重要因素。这离不开教师对学生学习状态的知晓，离不开教师对教学目标的把握，并能够基于学生的学习状态找到实现学习目标的策略和方式。教师要非常熟悉学科知识和学科思想，但是在和学生交流互动时，教师的关注点又不能只停留在学科体系上，而要注意学生对知识学习的反应上。

著名教育家杜威也曾指出：“当教师从事直接的教育教学活动时，他需要精通教材；他的注意力应该集中在学生的态度和学生的反应上。教师的任务，在于了解学生和教材的相互影响。”[①]换句话说，教师不应注意教材本身，而应注意教材和学生当前的需要和能力之间的相互作用。为此，教师需要做到的是：头脑里装的是学科知识，眼里看的是学生学习的状态和对知识学习的反应，心里要想着如何

① [美]约翰·杜威著.民主主义与教育[M].北京人民教育出版社，2001：199—200.

让学生在原有基础上有所发展。这的确是对教师的教育教学素养和教学智慧的挑战。

**华东师大慕课中心“广东中山纪念中学第三期数字化时代课堂教学改革专题研修班”**

(3) 教师的信息技术素养

上翻转课堂,需要老师学会使用一些基本的信息技术操作。无论是微课的录制、学习平台的使用,还是课堂内进行及时的检测和反馈等,都需要教师在电脑上来完成。更为重要的是,教师的信息技术素养意味着,为了更好地实现预定的教育教学目标,老师知道什么时候使用信息技术、什么时候不需要使用信息技术,什么时候需要使用什么样的信息技术等。教育教学的技术、形式和策略,都是服务于教学目标和目的,而不是相反。

信息技术背景下,可以由计算机完成的,就交给计算机完成,教师需要从事的应是计算机不能替代的工作,是更具实质意义的、更为创造性的劳动。在人类发展历史上,以蒸汽机的出现为代表的第一次工业革命,解放的是人的体力,机器所替代的更多的是人的体力劳动的部分;而今天,以计算机为代表的第三次工业革命,可以解放人的部分脑力劳动。在微课和翻转课堂教学领域，学习平台可以自动记录统计学生的学习情况，统计分析学生作业题的完成情况，这就可以将教师从机械批改作业的状态中解放出来，让教师有更多的时间、更好的精力和学生深入交流、更精心地备课等。可以让教师更有时间和精力从事富有创造性、更具有真实价值和意义的劳动。

(4) 教师的教育智慧和艺术

教师在教育教学过程中展现出的教育智慧和艺术，是教师融合了其学科素养、教育素养、教学经验后的言行表现，是灵活恰当地处理教育教学和学生管理等问题的技能和技巧。教学经验比较丰富的老师，很容易把握学生的理解程度，课堂驾驭能力较强，也是这个道理。翻转课堂的教学也是如此，无论是课前的教学设计，还是对学生学情的把握，课堂中和学生的沟通，组织课堂教学的能力，无不体现着教师的教育教学经验和智慧，当然这也对教师的教育智慧和教育艺术提出了更高的要求。教师的教育智慧和艺术，是实践性、综合性、科学性、人文性结合极强的表现行为，这里不做展开叙述。

**华东师大慕课中心“贵州省卓越学校发展项目微课制作和课堂教学变革专题研修班”**

## 69. 为什么说课堂翻转的过程就是教师自我发展的过程?

数字化时代的教育变革为教师的职业发展提供了极好的机会。课堂翻转的过程事实上就是教师自我发展的过程,至少体现在如下三个方面:

(1) 学科素养的提升

制作教学微视频,首先要求教师系统把握学科的知识图谱,包括一个学年(期)的一门学科有多少个知识点,各知识点之间的相互关系是什么等。只有老师清楚把握这些知识图谱,才能确保教学微视频的制作服务于教学所需。诚如济南文化东路小学的教师王永超说:"课堂教学模式的改变,对自己提出了更高的要求。在制作微视频和备课的同时,要深挖教材,对于本节课的重点难点要做到熟记于心,设计有层次和梯度的练习,并尽可能地估计学生可能会出现的问题。"

教师在清楚把握知识图谱的基础上,还需要根据学科知识的特点和所教学生的特点,设计出知识最优的呈现方式,以便学生愿意看、也看得懂教学微视频。诚如杭州十四中的邱锋校长所言:"年轻教师在制作教学微视频的过程中,他们会对一个知识点的相关教学资源充分研究与吸收后,再进行录制,这个过程就是青年教师专业素养提升的过程。"

(2) 教育素养的提升

学生课前先行学习微视频,基本完成对学科知识点的理解、领会和记忆。翻转后的课堂上，学生有更多发言和展示的机会，他们会问出许多个性化的、意想不到的问题，把老师当场问倒的情景也不时出现，课堂的生成性变得更强了。这显然对教师驾驭课堂教学的能力，对教师的教育素养等提出了更高的要求。

与此同时，每个学生课前学习的基础不同，遇到的困难不同，教师就不能按照以往的模式面向全班统一进行讲解了，而是需要四周巡视教室，走到学生身边，根据每个（组）学生学习的情况，有针对性地指导和帮助，这也是对教师课堂管理能力的挑战。

（3）信息技术素养的提升

实施慕课建设和翻转课堂，要求教师具有一定的信息科技素养，诸如微视频的制作，网络互动平台上数据的读取等。虽然要求不是太高，但是要具备这方面的信息素养。况且，今天的学生从一出生就处于信息时代，如果我们的老师对此知之甚少，就不能满足学生发展的需求。教育部刚刚出台了加大对中小学教师信息素养培训力度的文件，这些文件对新时期下教师的信息素养有了更高的要求。教师制作微视频的过程以及使用学习平台的过程，就是提升信息素养的过程。

## 70. 不熟悉信息技术的老教师能在慕课建设中发挥什么作用？

应该说，不熟悉信息技术的老教师，同样可以在慕课建设中发挥重要作用，至于“更大”还是“较小”，很难下定论。

慕课建设，最为根本的是两点：一是知识点的选择和讲解，二是知识讲解的视频呈现方式。这两点都和教师的学科素养密不可分，尤其是第一点，哪些知识点比较适合通过微视频的方式呈现，哪些知识点不宜通过微视频的方式讲解。讲解知识时，目标是什么，如何突出重点和难点，如何解决学生的易错点等，采用哪些教具或材料呈现原理的讲解，都是制作微视频成功的关键，而这些都是有经验的老教师所擅长的。因而，慕课建设最为根本或者最为关键的难题不是技术问题，而是教育问题、教学问题。所以，慕课建设中，老教师同样可以发挥重要作用。

当然，最为理想的状态是老教师和年轻教师的有机结合，或者是老教师和信息技术老师的有机结合，有教育教学经验的老教师发挥其自身的教育教学优势，选择知识点、设计呈现方式等。年轻教师或信息技术老师，和老教师一起，采用最恰当的信息技术呈现方式，将老教师好的教学设计、教学思路转化成现实，共同做出教学微视频。

## 71. 教师在实施翻转课堂教学的过程中遇到了哪些问题?

老师们在实施翻转课堂教学过程中,遇到的问题主要有如下两大类:

一是在课前视频教学中遇到的问题。这牵涉到如下几个方面:第一,网上优质视频还不够丰富,可选择性不强。如果都要老师自己来做,负担又比较重。第二,刚开始实行翻转课堂教学时,一些学生学习不够自觉,课前自学不到位,导致课堂上的变化不大,课“翻”不过来。班级里还有部分学生家里没有网络,无法课前学习老师推送的学习资源。第三,学习平台不够便捷,不太符合教师们网上备课的习惯。有些教师感到使用学习平台,额外增加了备课负担。第四,课前备课花费的时间长,教学负担重。

二是在翻转课堂上遇到的问题。第一,学生课前自学不到位,有些学生基础知识还没有掌握,课堂上还是以老师讲解为主,课堂“翻”不过来;第二,课堂上学生的问题很多,有些问题难以在课堂上回答;第三,学生的学习需求不一样,如何满足不同学生的学习需求,教师感到很困惑;第四,课堂的生成性强,老师的课堂驾驭能力受到挑战,对于这节课,究竟能上到什么程度,教师心里没底。

第十部分

# 慕课与翻转课堂:问题与困惑

## 72. 国外学校实施翻转课堂教学表现出哪些问题和困惑？

翻转课堂毕竟是近几年刚刚兴起的新生事物，在实施过程中，国外学校和老师也遇到一些共性问题和困惑，我们汇总相关材料，将其归纳为以下几个方面：

（1）翻转课堂的重心问题。一开始实施翻转课堂，不少老师会把重点放在如何制作教学微视频，如何保障学生学习微视频等方面，而对翻转后的课堂教学关注不够。此外也有老师不适应，不知道在翻转的课堂上到底该怎样上课的问题。翻转课堂的先驱亚伦和伯尔曼在《翻转你的学习》一文中谈到："当教育者谈及翻转课堂时，往往最先想到的事情是教师制作微视频，学生课前学习。其实不是这样的，翻转学习的本质，不仅仅是如何使用微视频，而是如何最好地使用课堂学习时间，进而创造一个以学生为中心的教学环境。"①

（2）提升视频学习效益的问题。实施翻转课堂时，由于知识性的内容需要学生在课前提前学习，因而就有了如何保障学生视频学习效益的探讨。这又包括两方面的主题：

第一，哪些内容适合通过视频学习。实施过程中，很多老师不太确定哪些内容适合放在视频内学习，哪些内容适合在教室内学习。实践表明，并不是所有学习内容都适合视频学习。从布卢姆目标认知分类学的角度来看，记忆和领会的内容比较适合通过视频讲解来

① Aaron Sams and Jonathan Bergmann. Flip your Students' Learning[J]. Educational Leadership, 70(6):16－20.

学习。而应用、分析、综合、评价等更高级思维的学习，可能更适合在班级中通过师生和生生交流来学习。如亚伦和伯格曼谈到：需要讲授式教学的内容、事实呈现的内容等等适合通过视频来学习；而需要苏格拉底式讨论的内容、探究性的内容，更适合课堂上来学习。①

第二，保障和提升视频学习效益的措施。澳大利亚昆士兰大学的研究人员指出，使用微视频的优势在于：

① 能向学生呈现核心内容；

② 能多一种形式来呈现，满足学生不同的学习喜好；

③ 能提供线上和线下交流互动的机会；

④ 可以通过微博、微信的形式即时传递信息；

⑤ 能提供即时反馈；

⑥ 能收集和分析学生学习的数据。

（3）课堂教学效益最大化的问题。如何上好翻转的课堂，最大化地利用课堂教学的时间，提升教学效益，是从事翻转课堂的老师需要认真探索的课题。从先行一步的教师那里总结出的经验是：学生通过课前学习，完成知识的记忆和理解。课堂上的主要任务是教师检测学生知识学习的程度，发展学生的高级思维，锻炼学生的能力，提升学习的动机等。从教学形式来看，教师不再过多从事知识的讲解，而是更多地巡视教室，帮助学生解答疑难，进行一对一地谈话，指导小组活动等。学生课堂的活动主要表现为：以个人或小组的形式展示所学，以小组为单位从事知识探究以及更多实践操作等，以此进行知识的应用、分析、综合和评价。

（4）翻转课堂的灵活推进问题。在一些准备尝试推进翻转课堂

---

① Aaron Sams and Jonathan Bergmann. Flip your Students' Learning [J]. Educational Leadership, 70(6):16 - 20.

的学校,往往会出现这样的问题:不是每个学生的家庭都可以接上互联网,老师也不太愿意自制教学微视频。对此,翻转课堂最早的实施者之一卡尔·费舍认为,老师们不要机械地理解慕课学习和翻转课堂的实施,翻转课堂可以有许多变式,只要能够让学生先行学习课程内容,课堂上能更多地让学生探究、交流互动的方式,老师们都可以大胆尝试。[①]

(5)教师的角色转化问题。翻转课堂的实施,是为了让教学从教师的教为主,走向以学生学和教师教相结合,让学生从被动地学走向主动地学,这就要求教师的角色发生转换。有学者指出,实施翻转课堂,对教师的要求更高了,教师对学生的影响更大了。不过这要求教师从以往的"讲师"转变成学生的"教练",从"讲台上的圣人"转变为学生"身边的辅导者"[②]。在翻转的课堂上,"教师的表现虽然不那么凸显了,但是教师的作用却更加重要了"。

(6)学生上网的问题。在实施翻转课堂的过程中,有关学生上网的问题主要包括两个方面:第一,不是所有学生都能上网。因为学生需要提前学习微视频,家里没有网络和移动智能终端的学生就不具备学习的优势。这也被许多人批评翻转课堂会加剧现有的教育不公平,让贫困者享有的学习机会更少了。对于这一问题的解决,一方面,如上所言,网络和智能学习终端并不是实施翻转课堂所必不可少的条件,各学校可根据自己的情况灵活安排,实施翻转课堂的老师,

① Anuja Seith. Flip it to flourish. Indian Express [EB/OL]. (2013 - 08 - 26) http://www.newindianexpress.com/education/edex/Flip-it-to-flourish/2013/08/26/article1748029.ece.

② Janets Teffenhagen. Flipped classrooms create magic and controversy in B. C. schools [EB/OL]. (2012 - 09 - 06) http://www.vancouversun.com/news/Flipped+classrooms+create+magic+controversy+schools/7202690/story.html,2014-01-14.

也不是一开始就获得了完善的信息技术的支撑,而是在实施过程中不断完善的;另一方面,不少学校为了解决少数学生不能使用电脑上网的问题,利用学校的机房或图书馆内的设备让学生上网,为学生学习视频提供了一定的方便。

## 73. 翻转课堂的教学只适合学习能力强的学生吗？

我们认为不是这样的。首先，从翻转课堂的起源来看，翻转课堂教学推行比较好的学校，如美国的林地公园高中、克林顿戴尔高中、拜伦中学，都不是非常好的学校，学生的学习能力不见得都很强。从国内的教学实践来看，以C20慕课联盟为代表的学校中，虽然清华大学附中、青岛二中、杭州学军中学等学校，其学生的学习能力是比较强的，但是也有不少学校的学生学习能力不是很强。

我们承认学生的学习能力存在差异。对于同一个内容，有的学生的学习天赋比较高，学习能力强，很快就学会了；而有的学生学习天赋不是很高，学习能力也相对薄弱，在学习上所花费的时间就要长一些。就翻转课堂教学而言，同样的学习主题，对于学习能力不同的学生，其教法也是不一样的。

对于学习能力比较强的学生而言，课前学生通过自学，很快完成对知识的理解、识记，并能完成初步的探究，课堂上教师在检测学生课前学习的基础上，将课堂教学的主要任务放在深化拓展、创造探究上，促进学生高层次思维能力和创造探究能力的发展，满足学生个性化的学习需求。

而对学习能力比较薄弱的学生而言，课前他们通过学习微视频和其他资料，尽可能理解和识记基本知识，完成初步检测。课堂上，在教师的引领下，其主要任务是夯实巩固基础知识和基本技能，这个主要任务可能会花费课堂教学中较多的时间。在巩固、夯实了基础知识和技能之后，如果有时间就进行拓展深化的任务。课堂结束前，师生还要进行课堂教学的小结，进一步检测知识学习情况，做到当堂目标当堂完成。

其实，从卡罗尔和布卢姆掌握学习的理论来看，学生学习能力的强弱，只是说明达到掌握的目的，学生花费的学习时间不一样而已。学习能力强的学生，达到掌握的目的所需的时间比较短；而学习能力弱的学生，同是达到掌握的目的，需要花费的学习时间比较长，需要的资料也要更加丰富。即掌握是个常量，而所需的学习时间是个变量。因此，不存在翻转课堂只适应学习能力比较强的学生的观点。不幸的是，当前的教学制度下，学生的学习时间是个常量，而掌握则成了变量。

## 74. 上翻转课，总是有少数学生课前不自学，或是自学不到位，影响翻转后课堂教学的进度，怎么办？

这个确实是一个有点难的问题，也是很多刚刚开始尝试慕课和翻转课堂教学的老师都会遇到的问题，即学生课前自学不到位，课堂上“翻不过来”。老师担心有少数学生课前没有自学，就很纠结课堂上是否需要再重新讲解一遍新知识。老师担心如果不重新讲，那么课前没有自学的这部分学生，没有相关的知识基础，很可能就成了课堂上的“看客”。如果要是重新再讲一遍，显然，对于那些已经学会了的学生而言，就是在浪费时间，是在“陪听”。

应该说，对翻转课堂教学这种新的教学模式的适应，确实有一个时间问题。我们的老师和学生，都已经习惯于课堂讲解、课后作业的教学模式。现在模式换了，刚开始时不但老师不太适应，也会有少数学生不适应。同时，翻转课堂教学模式，需要学生的主动学习、主动参与，无论是课前自主学习，还是课堂中的教学都是这样，需要学生在参与中积极思考。这对那些少数习惯于带着“脑袋”进课堂的学生来说，上翻转课堂显然是更“麻烦”了，课堂上没有那么好“混”了，所以，有少数学生刚开始时不大喜欢上翻转课堂，也有这方面的原因。在国外翻转课堂的教学实践中也遇到了这样的问题。

刚开始试行翻转课堂时，关于如何确保学生课前自学，如何保障学生课前自学到位，目前一些学校采取的措施主要有如下几个方面：

一是做好与家长的沟通，取得家长的支持与帮助。改革刚刚开始时，班主任或者是任课教师要召开家长会，取得家长对这一教学改革的理解和认同。对于课前自学不自觉的学生，或者是低年龄段的学生而言，请家长给予支持和帮助，甚至刚开始家长的陪同学习，都是必要的。

二是从技术的角度缓解这一问题。比如让学生的IPAD等终端只能浏览老师推荐的学习内容，不能浏览其他的网页。同时，让学生知道，老师可以通过他的电脑终端，看到每一位学生的学习情况，哪个学生在浏览视频，哪个学生在看老师推荐的其他资料，哪些学生在做作业，作业作答的情况如何等，老师都是可以随时观察的，这也给学生一些压力。当然应该说这是一个比较“强制”的做法，有些学生是不大喜欢的。但这对于缓解学生课前的自学问题是一个方法。

三是从教学结构上来逐渐改变这一问题。翻转后的课堂，老师不要再讲解新知，而是直接检测。这让那些课前没有自学的学生意识到，如果课前不自学，就不能很好地完成课堂教学中的检测。当然对于本节课学生未能掌握的知识点，需要他们课后找时间再弥补。这样，时间长了，逐渐形成良性循环，让学生意识到课前要进行自学，否则会很“麻烦”。反之，如果老师因为担心少数几个学生没有课前自学，在课堂一开始还是直接讲解新知，这样就会逐渐形成恶性循环，让其他的学生意识到，反正老师课堂上还是会再讲解一遍的，课前不自学也没有关系，这样久而久之会导致越来越多的学生课前不自学，翻转课堂也无法开展。

四是对学生进行学习方法的培训。刚开始进行翻转课堂教学改革时，要对学生讲清楚该教学方法的优势，期望学生按照老师的要求进行课前自学。这样的培训有利于学生更好地理解教学改革的初衷，能让学生更好地适应翻转课堂教学教与学的方法，这也是培养学生自学能力的过程。

应该说，随着改革的推进，学生、老师逐渐习惯了这一教学模式，学生慢慢地就学会自学了。当然，学生的自学习惯、自学能力也是在这一过程中养成的。这也是翻转课堂教学给学生带来的一大益处，即培养了学生的自学习惯和自学能力，这在不少地方已经初显成效。

## 75. 学校没有学习管理平台，有的学生家里也没有可以上网的终端，在教室内统一播放教学微视频，是否可行？

确实，实践中有这样的现象。有的老师在了解了翻转课堂是什么之后，看到全国很多同行都在实践，自己也很认同翻转课堂教学的理念和思路，很想试行翻转课堂教学模式。即让学生在先行自学新知之后，在课堂内和学生一起完成作业，解决疑难。可现实是学校没有统一的学习管理平台，有的学生家里有上网终端，有的学生家里则没有。如果让学生在家看视频，很可能结果是，有的学生课前自学得很好，有的学生课前根本无法接触到教学视频。这样上课之前的教学起点不统一，学生课前学习的机会也不公平。所以有的学校的老师就采取了折中或是创造的方式，即在教室的电脑上，为全班同学统一播放事先录制好的教学微视频，让学生看着屏幕学习新知，自己站在一边或者是走到学生身边监督或者是辅导学生的新知学习。等视频播放完毕之后，接着进行翻转课堂教学的后续环节，如完成检测作业、师生一起答疑解难等。

应该说，我们很敬佩这些老师从事教学改革的勇气，在条件不是很成熟的情况下，自己动脑筋、想办法，为学生能够进行更好的学习做出自己最大的努力，这一点是值得肯定的。但是这种在教室内统一播放教学微视频的做法，有两个问题需要考虑：一是微视频的学习方式，本是为了让学生能够更加自主、更加个性化地学习，即通常所言的能力强的学生很快学会，能力弱的学生可以多花费一些时间来学。而在教室内统一播放教学微视频的方式，可能能力较强的学生听一遍就听懂了，但没有听懂的学生也不可能把视频停下来，还是紧跟着视频的进度往前赶。这样就没有了个性化和自主化，还是违背了视频学习的初衷；第二个问题是，学生学习微视频是弥补老师不在现场时老师对学生的指导，如在家里，学生看书看不懂了，那么这个时候看一下微视频上是如何讲的。但在教室内的环境中，有老师在场，这个时候再播放自己事先录制的教学微视频，还不如老师自己亲自讲解，或许这样效果会更好些。毕竟，教师在课堂内亲自讲解时，还可以和学生进行互动交流。

鉴于上述两个问题，我们认为，在教室内统一播放教学微视频的做法确实有些不妥。但是如果说在上课的过程中，老师插播一段和学习内容相关的视频，用于丰富学生的体验，或者是拓展学生的视野，则是可以的。切记这时教师播放的教学微视频，就不再是上课时教师本人的讲解，它可以是实验的演示，还可以是网络上截取的和教学内容有关的时事或历史片断的视频等。

## 76. 我国基础教育领域的慕课和翻转课堂教学，还存在哪些问题？

翻转课堂在我国基础教育领域确实取得了一些成效，但作为新生事物，它在实践与应用中不可避免地会遇到一些困难，主要有如下几个方面：

### （一）来自教师方面的困难

（1）微视频制作比较困难，质量不高

对于“我认为制作教学微视频________”的问题，有9%的教师认为“很难”，66%认为“有点难”，22%的教师认为“不难”，如下图所示。对“我在翻转课堂教学中遇到比较大的困难是________[选两项]”问题的回答，有近一半的教师回答是“微视频不好做”。与此同时，也有

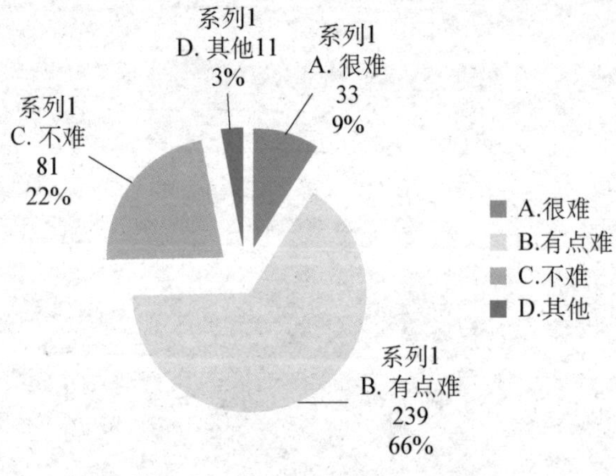


**教师对教学微视频制作难度反应的统计图**

学生反馈微视频质量不高，认为有以下一些问题：如“微视频可以更加精简一些”“微视频的制作可以更加详细完善”“视频有些枯燥”“视频质量较差”“微视频声音太小(不是电脑问题)”“说话要标准些”等等。从中我们可以得知，教学微视频的制作给教师带来了不少的困难，视频制作的质量也有待提高。

(2) 课前准备时间过长

我们在与实施翻转课堂的老师接触的过程中，经常会听到这样的抱怨：“课前既要制作微视频，又要设计课堂教学，准备时间太长，耗费的精力太多”“既要把微视频发送给学生，搜集学生进阶作业情况，又要针对性了解学生学习情况，还要制定课堂教学策略，准备时间太长”等。通过问卷调查，也反映了教师们的这一状况，对“我在翻转课堂教学中遇到比较大的困难是________[选两项]”这一问题的回答，近90％的教师选择了“课前准备时间太长”这一选项。可见，教师课前准备时间长无疑是当前翻转课堂在基础教育领域推进过程中遇到的一大问题。

(3) 课堂难以控制与管理

翻转课堂中，教师需要以新的角色融入课堂，从讲台上走下来，成为学生身边的指导者和促进者，这使得有些教师一时间难以适应新型课堂，造成课堂上的难以把控和管理上的困难。对于题目“我在翻转课堂教学中遇到比较大的困难是________[选两项]”，有近1/4的教师认为“课堂很难控制和管理”。部分学生也认为课堂还需要加以改进，提出如“老师的这种上课方式还有待改进，上课还需讲解结合”“希望给更多自学机会”“强化学习时间管理，让学生也了解教师的预期课程进度”“可以控制讨论时间”等建议。

## (二) 来自学生方面的困难

(1) 学生自主性有待提高

调查显示,大部分学生能够专心学习、不去浏览学习内容以外的网页(如游戏、电影等),但是也有部分学生(10%)承认自己的控制力不够,如"平板系统有时会出现漏洞,导致一些同学上课时在平板上玩游戏",并且有人以此为由,反对翻转课堂,认为翻转课堂对处于爱玩游戏的年龄的学生来说不适合,只适应学习自觉性好的同学等。

当然,对学生自主性的培养,本身就是教育也是翻转课堂教学的重要任务。在有些学校,翻转课堂实施一段时间后,学生自主学习能力的增强也是老师们提及比较多的一个方面。

(2) 合作学习有待深入

小组合作在翻转课堂教学中是一种常用的教学方式。针对思考性较强的问题,学生通过小组合作找到问题的答案,集中众人的智慧,让每一个参与者有发表自己观点的机会,以此锻炼孩子们的口头表达能力。小组合作学习是翻转课堂教学成功的重要因素,小组合作学习的效果在一定程度上决定了翻转课堂的成败。

在翻转课堂的小组学习环节,有时并不是像所预设的那么完美。仔细观察,不难发现其中存在着一些问题,比如合作讨论目标不明确,学生合作不主动,讨论不够深入,讨论时间固定化等,这些问题集中体现为小组合作学习不深入。有教师也谈到:"有些学生不参与讨论,自己在那里看书""有的小组讨论的主题和教师提出的问题不一致""小组成员不知道要做什么,就是一直讨论,没有记录,没有整理"等等。

### (三) 其他的困难

(1) 学习平台使用不便捷

网络学习平台是教师的得力助手，能够帮助教师自动批阅学生提交的作业，自动提供作业分析报告，及时跟踪学生的反馈等。但实现这些功能的前提是要开发出一个相对完善的网络学习平台。据教师反映，目前便捷的学习平台比较匮乏，存在“学生自学平台欠佳”“学习平台很多功能不能实现”“学习平台的功能不是自己想要的”“学生必须有相应的平板电脑，否则，没有真正的翻转”等问题。据本研究了解，不少学校的学习平台都是与一些公司合作开发的，除少数学校外，平台提供的功能并不便捷，需要继续改进和完善。

(2) 网上优质视频资源不足

不少老师提及，制作教学视频的压力大，而网上的优质教学视频还不够多。如果网上有足够多的优质教学视频，教师直接从网上下载即可，这样会大大减轻教师制作微视频的压力。

(3) 新的评价体系有待建立

以往对学生的评价，基本上是依据纸笔测试，有时会加入对学生平时表现的考量。但这种传统的评价方式无法检验和反映学生在翻转课堂各个环节的表现和学习效果。课前学习过程中，学生的态度、进度、掌握情况等都是要考虑的因素，需要结合学习平台的相关记录来评判；在课堂上，学生的作业完成情况、课堂活动的参与表现等，需要设计合理的评价体系来涵盖方方面面。同样对教师的评价也需要进行相应的改变。

## 77. 改善基础教育慕课加翻转课堂教学的思路和建议有哪些?

为更好地提升学校人才培养的质量,促进学生综合素质的发展和拔尖创新人才的培养,基础教育领域在慕课和翻转课堂实践过程中,需在以下几个方面进一步努力和完善。

### (一) 短期内需做出的努力和改变

(1) 共建共享优质在线资源。如前所言,教师、学生可利用的网上优质资源不多,成为制约学生在线学习的一个因素。要进一步丰富网上优质的教学资源,需教育研究人员、中小学优秀的学科教师、信息技术人员或者是信息技术公司的人员,共建共享优质教育资源,减轻老师在资源准备方面的负担,给学生学习提供更多的选择。

(2) 改善网络环境、学习平台和移动终端。目前,网络环境不顺畅,学习平台不便捷,有些学生移动智能终端欠缺,是在线学习的制约性条件。为此我们需要为学生在线学习搭建顺畅的无线网络环境,为学生提供移动终端或允许学生自带移动终端,优化学习平台的功能,并为贫困家庭孩子提供一定的资助等。我们相信经过多方的共同努力,这一问题也是可以很快解决的。

(3) 通过培训和交流,转变校长及教师的观念。校长、教师的观念是促进变革的内因。目前,多数中小学校长和老师认识到了信息技术背景下教与学变革的重要性和紧迫性,但也仍有部分校长和老师没有意识到这一点。国务院副总理刘延东于 2012 年在《全国教育信息化工作电视电话会议的讲话》中指出："谁在信息化潮流中落伍，谁就会被时代所淘汰。"通过培训和交流，转变校长和教师的观念，是当前一项重要的任务。

### (二) 中长期内需要做出的努力和改变

为了更好地实施慕课加翻转课堂教学，如下制度需要进行相应地改变：

(1) 教学管理制度的改变。网络学习环境，拓展了教学的时间和空间。在教师的指导下，学生随时随地都可以自学。基础知识的学习可以在课前、在家里学，这样一来，课堂上的教学时间就不一定是40分钟或者45分钟了，一天也不一定要上8节课了。翻转后的课堂，有的教学任务20分钟内就可以完成，而有的可能需要1个小时。这样，教学制度就要有相应的调整，学校、教师应根据实际教学任务的需要来决定上课时间。

与此同时，信息技术支撑的慕课加翻转课堂教学，是为了改善班级授课制背景下学生个性化学习的问题，为了更好地满足学生个性化学习的需要，在教学管理平台的帮助下，让学生及时分层、及时走班，让具有共同兴趣爱好、学习程度相似的学生分成一班或者是一组，配上专门的老师做辅导，是理想的教学安排。这同样需要教学管理制度和课堂环境的改变。根据可汗的预测，未来的教室内，一个班级可以有100个学生，根据不同的学习需求，学生分成4—5组，一个主讲教师，2—3位辅导老师，是比较理想的课堂教学状态。教学管理制度的改变、课堂布局的改变，最终也会导致学校形态的改变。无论学校是否愿意，这都是信息技术背景下学校发展的必然趋势。

(2) 教学评价重心的转移。当前以纸笔测试为主的教学评价，比较有利于评价学生的记忆和理解能力,不利于评价学生的应用能力、创造能力以及动手实践能力。在信息技术的支撑下,要让教学评价从知识本位走向综合素质本位,从重视结果走向过程结果并重,从重视对学生的分层转向重视对学生学习的诊断,从"一把尺子"对学生整体的评价逐步走向多元标准的面向个体的评价。对教师的评价,也要从重视显性的学生成绩转向重视真正的过程育人,从重视教师劳动的时间量到重视劳动的成效,进而解放教师的工作、减轻教师工作的负担。这是一个较为长期的转变,但又是必须进行的改变。评价模式改变了,教学方式的改变会更加顺畅。

(3) 教师角色转变和能力提升。实施慕课和翻转课堂教学,对教师的角色和能力有了新的要求,从以重视教为主转向重视学生的学为主,从传道授业为主转向传道授业和答疑解难并重,教学过程中既要考虑学生整体教学目标的达成,又要关注个体化学习需求的满足,这些要求在信息技术背景下的教学过程中显得更为突出。因而,教师的信息技术素养、学科素养、管理素养等都需要持续提升,这是教师专业发展永恒的任务。

总之,随着整个社会信息化程度的提升,借助信息技术改善人才培养模式,提升教育公平与教育质量,受到了不少教育研究者和教育实践者的高度关注。慕课加翻转课堂,是在这一背景下应运而生的一种教学模式,初步的实践显示出了积极的成效,也遇到了不少的困惑和难题。认清方向,边尝试边总结,是改善实践、提升质量的应有选择。

## 78. 教育行政部门为推行慕课应采取何种策略?

慕课与翻转课堂是一项旨在利用数字化手段促进教育公平，提升教学效益的改革实验。尽管理论以及初步实践表明了其在促进学生学习方面的积极成效，但是在开始阶段，教育行政部门应采取“积极试验、稳步推进”的策略。所谓“积极试验”，是指教育行政部门可以在几所学校的班级内进行尝试，或者是对于有意进行此项改革的学校和教师给予大力支持和帮助，包括提供一定的经费支持、教研支持，甚至是对试验过程中的失误多一些宽容和理解。对于成功的经验，和学校一起总结、反思，总结出其成功的要素有哪些，不成功的原因是什么。

所谓“稳步推进”，是指试点取得了一定的成效，获得了一些经验后，再逐渐向其他班级、其他学校进行渗透和推广。由于这是教育教学改革的尝试，教育行政部门只能是以倡导的态度来宣传，这要和学校进行改革的意愿相结合，而不能以行政命令的形式，让每个学校都去行动。

C20 慕课联盟(地市教育局)成立大会

华东师大慕课中心给瑞安市教育局授牌 C20 慕课联盟地市教育局成员单位

## 79. C20 联盟是一个怎样的组织，它的主要任务是什么，怎样才能加入 C20 联盟？

C20 慕课联盟，"C"即"China"，中国；"20"，即 20 余个国内知名地市教育局和 20 余所高中学校、20 余所初中学校和 20 余所小学；慕课(MOOCs)，即大规模在线公开课程英文简称的音译。因此，C20 慕课联盟就是由全国 20 余个地市教育局和高中、初中、小学阶段各 20 余所学校共同参与，致力于通过创建优质教学微视频，实现优质教育教学资源共享，推动中国基础教育课堂教学改革的研究性组织。

C20 慕课联盟，专注于开发基础教育阶段各学科的教学微视频，推动全国各地"慕课"的建设；借助于"慕课"平台，促进学校"翻转课堂"的实施；积极探索在大数据时代背景下，借助于数字化手段，促进个别化、自主性与互动式的创新型人才培养模式的构建，革新传统的课堂教学模式，给学生更多的思维空间和自由，提高人才培养质量，推动我国基础教育的改革。

C20 慕课联盟欢迎一切有志于进行此项改革实验的学校和教师加入该联盟，共同研讨交流问题，分享成功经验。如果学校想要加入联盟，首先要以学校的名义向联盟提出申请，提交正式的申请报告，并加盖学校公章。报告中应包括如下内容：对翻转课堂的认识；学校在慕课建设和翻转课堂实施中已具备的优势条件；贵校加入联盟之后的工作设想和规划。同时提交 2—3 个具有代表性的微视频。在通过 C20 慕课联盟秘书处的审核后，进入"入盟准备期"，这时会要求学

C20 慕课联盟(初中/小学)成立大会

华东师大慕课中心给上海市建平中学授牌 C20 慕课联盟成员学校

校具体落实一定数量的微视频制作、成立翻转课堂实验团队和实验班级，开始翻转课堂的初步尝试。经过一到三个月的准备期后，方可正式加入 C20 慕课联盟，成为联盟的正式会员。学校成为联盟的正式会员后，会有更多的机会和全国各地的教育同仁一起分享改革的做法和经验，共同研讨实践过程中出现的问题和解决思路，并进行优质资源的共建与共享。

## 80. 未来学习和未来学校是什么样子的？

根据我们的推测，未来的学习形式一定是线上线下有机结合的。能够线上学习的可充分利用信息技术的功能进行线上自学，如事实性知识的获取、概念的理解等；线下的时间则更多地用于师生讨论交流、疑难解决、动手实验、实践调查等。

未来教与学的重点是知识的理解、应用、分析和评价，重在培养学生的知识应用能力、逻辑推理能力和创造能力。未来的学习内容不仅仅重视分科课程的学习，同样重视综合课程的学习或基于项目的学习。

未来的学校教学和管理制度会更加灵活，一天不一定 8 节课，一节课不一定是 40 分钟。网络拓展了学习的时间和空间，对于知识点的学习，学生可以通过线上来完成，没有必要课堂上进行 40 分钟的教学。那时可根据完成学习任务的需要，一节课可以 30 分钟，也可以 90 分钟。

未来的课堂教学是及时分层、及时走班的。针对一个学习主题，根据线上知识学习和掌握的情况，软件系统会在大数据分析的帮助下，对学生及时分组或分班。需要教师重点讲解的学生到一个班级（小组），需要做实验探究的学生进入一个班级（小组），需要拓展深化学习的学生到一个班级（小组）。老师根据每个班级（小组）的学习需要，有针对性地给予指导和帮助。

完成了这个专题的学习，进入下一个专题学习时，也是如此。

未来的学习评价可以在大数据的帮助下真正做到既能评价学习结果，又能评价学生的学习过程。

未来的教室类似于现在的居室，四室一厅，或是蜂巢结构的，将教室分成多个单元，每个单元可以容纳20位左右的学生，中间最好以透明的低矮的玻璃墙体隔开，单元与单元之间有一定的空间距离，不至于学生学习时相互干扰。课桌椅是可以自由组合的。

未来的学校对教师的学科素养、教育素养和学生管理素养、信息技术素养要求更高了，而不是降低了。

**图书在版编目(CIP)数据**

基础教育慕课与翻转课堂问答录/陈玉琨，田爱丽著.
—上海：华东师范大学出版社，2015. 11
ISBN 978-7-5675-4299-0

Ⅰ. ①基… Ⅱ. ①陈…②田… Ⅲ. ①基础教育-网络教学-问题解答 Ⅳ. ①G434-44

中国版本图书馆 CIP 数据核字(2015)第 272879 号

**基础教育慕课与翻转课堂问答录**

著　　者　陈玉琨　田爱丽
策划编辑　彭呈军
特约审读　郑　月
责任校对　赖芳斌
装帧设计　卢晓红

出版发行　华东师范大学出版社
社　　址　上海市中山北路 3663 号　邮编 200062
网　　址　www. ecnupress. com. cn
电　　话　021-60821666　行政传真 021-62572105
客服电话　021-62865537　门市(邮购)电话 021-62869887
地　　址　上海市中山北路 3663 号华东师范大学校内先锋路口
网　　店　http://hdsdcbs. tmall. com

印 刷 者　常熟市文化印刷有限公司
开　　本　787×1092　16 开
印　　张　16.5
字　　数　156 千字
版　　次　2016 年 1 月第 1 版
印　　次　2017 年 12 月第 2 次
书　　号　ISBN 978-7-5675-4299-0/G·8780
定　　价　36.00 元

出 版 人　王　焰